utb 4412

AF177304

Eine Arbeitsgemeinschaft der Verlage

Böhlau Verlag · Wien · Köln · Weimar
Verlag Barbara Budrich · Opladen · Toronto
facultas · Wien
Wilhelm Fink · Paderborn
A. Francke Verlag · Tübingen
Haupt Verlag · Bern
Verlag Julius Klinkhardt · Bad Heilbrunn
Mohr Siebeck · Tübingen
Ernst Reinhardt Verlag · München · Basel
Ferdinand Schöningh · Paderborn
Eugen Ulmer Verlag · Stuttgart
UVK Verlagsgesellschaft · Konstanz, mit UVK/Lucius · München
Vandenhoeck & Ruprecht · Göttingen · Bristol
Waxmann · Münster · New York

Günther Koch

Speed Reading fürs Studium

Ferdinand Schöningh

Der Autor:
Günther Koch erkannte im Rahmen seiner Tätigkeit am Lehrstuhl für Didaktik der deutschen Sprache und Literatur der Ludwig-Maximilians-Universität München schnell die Notwendigkeit für Studierende, die persönliche Effizienz zu steigern und das individuelle Lernverhalten zu optimieren. Aufgrund dieser praktischen Erfahrungen entwickelte er im engen Austausch mit Studierenden Workshops und Programme, die genau dies ermöglichen. Als Dozent für Wissenschaftliches Arbeiten am Staatinstitut München konnte er diese weiter verbessern und in der Praxis erproben.

Sein Wissen gibt er an privaten sowie staatlichen Hochschulen an Studierende, für gk-coaching an Unternehmen und deren Mitarbeiter weiter und mit dem vorliegenden Buch erstmalig auch an Sie

Umschlagabbildung:
fotolia #65839198 © thewet

Online-Angebote oder elektronische Ausgaben sind erhältlich unter
www.utb-shop.de

Bibliografische Information Der Deutschen Nationalbibliothek

Die Deutsche Nationalbibliothek verzeichnet diese Publikation in der Deutschen Nationalbibliografie; detaillierte bibliografische Daten sind im Internet über http://dnb.d-nb.de abrufbar.

© 2015 Ferdinand Schöningh, Paderborn
(Verlag Ferdinand Schöningh GmbH & Co. KG, Jühenplatz 1,
D-33098 Paderborn)

Internet: www.schoeningh.de

Printed in Germany.
Herstellung: Ferdinand Schöningh, Paderborn
Einbandgestaltung: Atelier Reichert, Stuttgart

UTB-Band-Nr: 4412
ISBN 978-3-8252-4412-5

Inhalt

1 Speed Reading – Fragen über Fragen!

1.1 Lesen kann ich – Was aber ist nun Speed Reading schon wieder?

Sobald wir Informationen in schriftlicher Form aufnehmen, verlangsamen sich unser Verarbeitungsprozess und unser Denken. Dies lässt sich gut daran erkennen, dass unsere Gedanken abschweifen, wir die Konzentration verlieren und schläfrig werden. Um erfolgreich und effizient zu studieren, muss ein Weg gefunden werden, die enormen Mengen an Texten zu studieren, Informationen aufzunehmen, zu verarbeiten und langfristig zu behalten, die im Laufe eines Studiums gelernt werden müssen.

Auch wenn Lesen die Tätigkeit ist, mit der Studierende aller Fachrichtungen besonders viel Zeit verbringen, kennen die meisten nur zwei unterschiedliche Lesegeschwindigkeiten: langsam und langsamer!

Dies ist einerseits auf Versäumnisse der weiterführenden Schulen in Deutschland zurückzuführen, liegt zum anderen an der Tatsache, dass nur die wenigsten sich Gedanken darüber machen, dass ein deutlich höheres Lesetempo möglich wäre.

Wenn Sie dieses Buch und die darin aufgeführten Übungen erst einmal durchgearbeitet haben und zum Hochgeschwindigkeitsleser geworden sind, werden Sie mit deutlich höherer Geschwindigkeit lesen, Texte dabei besser verstehen und sich an deutlich mehr des Inhalts erinnern.

Speed Reading bezeichnet also eine Technik des Lesens, bei der innerhalb kürzerer Zeit deutlich mehr Informationen aufgenommen und behalten werden können.

Bitte verwechseln Sie Speed Reading nicht mit dem Überfliegen oder Querlesen eines Textes. Es geht nicht darum, lediglich Teile des Geschriebenen wahrzunehmen, sich einen groben Überblick zu verschaffen und die Details zu vernachlässigen. Vielmehr erhöht Speed Reading Ihre Lesegeschwindigkeit signifikant.

1.2 Vor welche Herausforderungen stellt mich mein Studium und wie hilft mir Speed Reading dabei?

Unabhängig davon, ob Sie neben Ihrem Beruf studieren, alleinerziehende Mutter oder Vater sind, Ihr Studium durch eine Vielzahl an Nebenjobs finanzieren oder tatsächlich in der komfortablen Situation sind, sich voll und ganz aufs Vorbereiten, Nachbereiten und den Besuch von Lehrveranstaltungen konzentrieren zu können, ist Zeit der zentrale, limitierende Faktor für Ihren Erfolg. Ein Mangel an Zeit verhindert,...

- dass Sie Semester für Semester noch mehr Seminare und Vorlesungen besuchen.
- dass Sie perfekt vorbereitet zu Klausuren und mündlichen Prüfungen erscheinen.
- dass Sie bei Referaten und Vorträgen umfangreiches Hintergrundwissen haben und selbst weit hergeholte Fragen souverän beantworten können.
- dass Sie bei der Anfertigung schriftlicher Arbeiten wirklich eine ausreichende Anzahl an Büchern und fachwissenschaftlichen Aufsätzen gesichtet oder gelesen haben.

Für Sie persönlich bedeuten diese limitierenden Faktoren,...

- dass Ihr Studium länger dauern wird und Sie unter Umständen deutlich mehr Studiengebühren zahlen.
- dass Ihnen weniger Zeit zur Verfügung steht, in der Sie einer beruflichen Tätigkeit nachgehen können.
- dass Sie schlechtere Zensuren erhalten, als Ihr wahres Leistungsvermögen zulässt.
- dass Sie weniger Zeit mit Ihrer Familie und Ihren Lieben verbringen.

Vermutlich werden Sie sich dieser Tatsachen bereits bewusst sein und haben unterschiedliche, mehr oder weniger kreative und effektive Wege gefunden, Zeit zu sparen. Vielleicht haben Sie sich mit Methoden des Zeitmanagements auseinandergesetzt und Effektivitätstechniken in Ihren Studienalltag integriert.

Erfahrungsgemäß profitieren besonders viele Studierende jedoch vom Erlernen des Hochgeschwindigkeitslesens; vom Erlernen des Speed Readings. Dies ist nur allzu verständlich, da in den meisten Lehrveranstaltungen das eigenständige Studium fachwissenschaftlicher Texte verlangt wird und anders als noch zu Schulzeiten in Vorlesungen und Seminaren keine Zeit zum Lesen von Texten zur Verfügung gestellt wird.

Vielmehr verteilen die meisten Dozenten lange Leselisten und setzen bereits kurze Zeit später voraus, dass Ihre Studenten die Aufsätze und Bücher gelesen haben. Aber auch wenn dies bei einem Professor einmal anders sein sollte, so wird der Besuch seiner Lehrveranstaltungen allein nicht ausreichen, um Prüfungen zu bestehen oder Bestnoten zu erzielen. Vielmehr wird es nötig sein, sein Skript oder andere Texte zuhause gründlich und eigenständig zu lesen und zu erschließen. Auch bei der Vorbereitung von Referaten und der Anfertigung schriftlicher Hausarbeiten fällt es allein in Ihren Aufgabenbereich, Literatur zu sichten, wenig nützliche Texte auszusortieren und passende Aufsätze, Forschungsarbeiten und Bücher gründlich zu lesen. Genau an dieser Stelle schlagen die Vorteile von Speed Reading zu Buche:

- Sie benötigen weniger Zeit für das Lesen derselben Texte.
- Sie können mehr Texte in der gleichen Zeit lesen.
- Sie bleiben energiegeladen und ermüden nicht aufgrund wahrer Berge an Büchern.
- Sie haben die Möglichkeit, wichtige Texte mehrmals zu lesen.
- Deutlich mehr des Inhalts wird in Ihrem Langzeitgedächtnis verankert, so dass Sie dies bei Bedarf abrufen können.
- Ihre Gedanken schweifen während des Lesens nicht ab – vielmehr bleiben Sie konstant fokussiert.

1.3 Kann das überhaupt funktionieren?

Schneller lesen und dabei den Inhalt anspruchsvoller Texte trotzdem verstehen? Inhalte unter Umständen bei gesteigertem Lesetempo noch besser und leichter verstehen? Texte in Windeseile studieren und ein Maximum des Inhalts behalten?

All diese Aussagen scheinen auf den ersten Blick unglaubwürdig und doch ist es genau das, was Speed Reading ausmacht!

Ihre (nur allzu verständlichen) Zweifel lassen sich auf das zurückführen, was Lehrkräfte im schulischen Deutschunterricht seit jeher predigen. Nämlich langsam und genau zu lesen, um den Inhalt zu erfassen und ihn zu einem späteren Zeitpunkt abrufen zu können!

Dieser Widerspruch weist auf eine zentrale Schwäche nahezu aller staatlichen Schulsysteme hin: Der Erwerb der Lesefertigkeit wird hier mit Abschluss der Grundschuljahre als beendet betrachtet und an weiterführenden Schulen in den meisten Fällen nicht weiter verfolgt.

Das Problem an dieser Vorgehensweise zeigt sich darin, dass die Aussage, langsam und genau zu lesen, zwar zur Schulung der basalen Lesefertigkeit in der Grundschule ihre Berechtigung hat, mit zunehmendem Lesealter jedoch kontraproduktiv ist und dennoch an weiterführenden Schulen gelehrt wird, während effektive Techniken aus der Grundschule wie das Nachfahren der gelesenen Zeilen mit Finger oder Stift bei Lehrkräften höherer Jahrgangsstufen verpönt sind und von diesen getadelt werden.

Trotzdem stellt sich die Frage, weshalb der ganzen Schülergenerationen vermittelte und auf den ersten Blick so einleuchtend klingende Ratschlag, langsam und genau zu lesen, um dabei mehr zu verstehen, falsch sein soll. Dies ist schnell nachzuvollziehen:

Erinnern Sie sich zurück an die Lektüre der bisherigen Ausführungen – woran haben Sie dabei gedacht?

- Waren Sie ausschließlich auf den Inhalt des Gelesenen konzentriert?
- Kreisten Ihre Gedanken nur um Speed Reading und die Herausforderungen des Studiums?
- Dachten Sie nur an Ihre persönliche Lesegeschwindigkeit?
- Oder schweiften Ihre Gedanken gelegentlich ab?
- Dachten Sie bereits an die nächste Mahlzeit?
- Versuchten Sie im Geiste das morgige Gespräch mit Ihrem Professor zu durchdenken?
- Durchstreiften Ihre Gedanken gerade Ihre Wohnung auf der Suche nach den verlegten Schlüsseln?

Vermutlich fühlen Sie sich ertappt und gestehen sich gerade ein, beim Lesen nicht während der gesamten Zeit hochkonzentriert gewesen zu sein. Sie haben eben nicht Ihre gesamte kognitive Leistungsfähigkeit auf die bisherigen Ausführungen konzentriert. Damit sind Sie keine Ausnahme! Vielmehr ist dies die Regel in einer Gesellschaft, in der schulische Lehrpläne es eben nicht vorsehen, die Lesefertigkeit der Schüler über Grundschulniveau hinaus weiterzuentwickeln.

Allein der Umstand, dass Sie trotz hoher Motivation beim Lesen an anderes denken konnten, belegt die mangelnde Auslastung Ihrer geistigen Kapazität durch den Leseprozess. Genau diese Kapazitäten nutzt Speed Reading.

Seien Sie also gewarnt:

> Mit dem Erlernen von Speed Reading riskieren Sie den Verlust all der schönen Tagträume, die Sie bisher von effektivem Studium und erfolgreichem Lernen abgehalten haben!

Sollten Sie noch immer Zweifel an der Effizienz dieser Technik haben, kann der Verweis auf einige bekannte Hochgeschwindigkeitsleser diese vielleicht zerstreuen. Lassen Sie uns deren Leistung in Bezug setzen zur Lesegeschwindigkeit normaler bis guter Leser, die in der Literatur mit 200 bis 400 Wörtern pro Minute angegeben wird. Darauf, dass diese Werte für den deutschsprachigen Raum sehr hoch gegriffen sind, werden wir an späterer Stelle zu sprechen kommen.

U.S.-Präsident Franklin D. Roosevelt ist begeisterter Speed Reader gewesen. Ihm wurde eine Lesegeschwindigkeit von mehr als 1 000 Wörtern pro Minute (WpM) nachgesagt. Ob Sie wie Roosevelt Speed Reading Techniken tatsächlich auch für belletristische Werke nutzen wollen, bleibt Ihnen überlassen. Der Hinweis sei dennoch gestattet, dass Hochgeschwindigkeitslesen auf das Studium von Fachartikeln und -büchern ausgerichtet ist. Die Freude und Entspannung, die die Lektüre guter Unterhaltungsliteratur bieten kann, verlangt eigentlich eine andere Art des Lesens.

Ein Nachfolger Roosevelts ist es, dem der Ruf zukommt, nicht der schnellste, jedoch der bekannteste Speed Reader der Welt gewesen zu sein: John F. Kennedy. Dieser Ruf beruht weniger auf seiner enorm hohen Lesegeschwindigkeit, die mit etwa 1 000 WpM immer noch das Zweieinhalbfache eines regulären, guten Lesers beträgt, als vielmehr darauf, dass er seine kognitive Leistungsfähigkeit im Wahlkampf recht penetrant thematisierte.

Noch beeindruckender als die diesen beiden zugeschriebene Leistung von 1 000 WpM ist die Leistung einer eher weniger bekannten Person namens Sean Adams. Eine mehrfach dokumentierte Anzahl von 3 850 gelesenen Wörtern pro Minute sicherte ihm viele Jahre in Folge den Weltmeistertitel im Speed Reading.

Unabhängig von den Leistungen dieser Einzelpersonen wird das Potenzial des Speed Readings allein durch die Tatsache belegt, dass die Universität Harvard mittlerweile Speed Reading in den Kanon universitärer Lehrveranstaltungen aufgenommen hat und viele deutsche Privathochschulen nachziehen.

1.4 Wie gehe ich mit diesem Buch um? Wie profitiere ich am meisten davon?

Die Problematik eines Handbuchs, das die Technik des Speed Readings vermitteln soll, liegt in der Abwesenheit eines Trainers und in der fehlenden Rückmeldung für den einzelnen Lerner. In diesem Arbeitsbuch jedoch soll der Spagat zwischen individuellem Lernen einerseits und Informationen und Übungsformen, die sich an die Vielzahl der Leser wenden andererseits, gelingen.

Speed Reading im Studium ist nicht dazu gedacht, es einfach nur so nebenbei an einem Stück durchzulesen. Sollten Sie dies dennoch tun, werden Sie unter Umständen den einen oder anderen hilfreichen Tipp mitnehmen können, werden jedoch nur einen Bruchteil des Nutzens daraus ziehen, der prinzipiell möglich wäre.

Nehmen Sie sich die Zeit, dieses Buch nicht nur zu lesen, sondern tatsächlich durchzuarbeiten. Dazu finden sich immer wieder deutlich hervorgehobene Hinweise auf praktische Übungen. Führen Sie diese mindestens so lange durch, wie die Zeitangaben dies von Ihnen verlangen – seien Sie sensibel für die eigenen Bedürfnisse und entwickeln Sie im Laufe dieses Kurses ein Gefühl dafür, ob Sie an mancher Stelle noch etwas mehr Übungszeit benötigen.

Auch wenn es prinzipiell möglich ist, dieses Buch an einem Tag oder einem Wochenende durchzuarbeiten und fortan von einer deutlich höheren Lesegeschwindigkeit zu profitieren, ist es sinnvoller, diesen Kurs auf verschiedene Etappen aufzuteilen:

Etappe 1

Lesen Sie die einleitenden Ausführungen in Kapiteln 1 und führen Sie den Ausgangstest in Kapitel 2 (S. 15 bis 28) durch, um Ihre aktuelle Lesegeschwindigkeit zu bestimmen. Anschließend eignen Sie sich in Kapitel 3 die Grundlagen des Speed Readings an.

Etappe 2

Überprüfen Sie mithilfe des Zwischentests (S. 63 bis 73) die Effektivität der neu erlernten Grundlagen, stellen Sie Ihre Fortschritte fest und eignen Sie sich danach die Basic Techniques in Kapitel 5 an.

Etappe 3

Nutzen Sie die Basic Techniques, um sich erfolgreich mit den darauf aufbauenden Superior Techniques (S. 91 bis 103) vertraut zu machen.

Etappe 4

Führen Sie den Abschlusstest (Kapitel 7) durch und stellen Sie fest, wie stark sich Ihr Lesetempo positiv verändert hat. Lesen Sie sich danach in den Bereich der Meta Techniques ein, die etwas mehr Übung bedürfen, Ihren Studienalltag aber stark vereinfachen können.

Etappe 5

Studieren Sie die Ausführungen im Kapitel Lesestrategien (Kapitel 9), da diese sich sehr gut mit dem klassischen Speed Reading verknüpfen lassen. Informieren Sie sich im abschließenden Kapitel 10 darüber, wie sich Speed-Reading-Techniken bei digitalen Texten einsetzen lassen, da mehr und mehr wissenschaftliche Texte auf Bildschirmen, Tablets und Readern gelesen werden.

Tipp

Vor allem nach den ersten drei Etappen empfiehlt es sich, dieses Buch zur Seite zu legen und die erlernten Techniken im Alltag zu praktizieren. Wenn Sie die neu erworbenen Techniken einige Tage bei jeder passenden Gelegenheit in Ihrem Studienalltag einsetzen, legen Sie ein besonders solides Fundament, auf dem Sie weiter aufbauen können.

Dies benötigen Sie

Speed Reading lässt sich nicht einfach anhand theoretischer Ausführungen erlernen, weshalb Sie aktiv werden müssen. Legen Sie
die dafür benötigten Hilfsmittel bereit, so dass Sie die eigentliche
Arbeit mit diesem Buch nicht unterbrechen müssen:

• Zwei Fachbücher, die aus Ihrem Studiengebiet stammen können, aber nicht müssen. Beide müssen Ihnen unbekannt sein
  – Sie dürfen sie noch nicht gelesen haben. Vielleicht steht ja
  tatsächlich ein Referat oder eine Klausur an und Sie möchten
  dafür das eine oder andere Buch studieren?
• Zwei in Spaltenform gedruckte Zeitschriftenartikel. Diese müs-
  sen Ihnen ebenfalls unbekannt sein und dürfen gerne aus Ihrem
  Fachgebiet kommen.
• Außerdem benötigen Sie einen Taschenrechner und eine Stopp-
  uhr. Am besten greifen Sie auf Ihr Smartphone zurück, da
  Smartphones neben Rechen- und Stoppfunktion in den meisten
  Fällen auch über einen Timer verfügen, der Ihnen bei verschie-
  denen Übungen gute Dienste leisten wird.
• Als Grundwerkzeug des Speed Readings benötigen Sie einen
  gespitzten Bleistift. Bitte sehen Sie davon ab, einen wenige
  Zentimeter langen Bleistiftstummel zu verwenden. Für unsere
  Zwecke wird er nicht funktionieren.

Sorgen Sie bitte zu guter Letzt für eine gut beleuchtete, ablenkungsarme Arbeitsumgebung, in der Sie konzentriert zu Werke gehen
können. Die Arbeit im Liegen auf dem Sofa oder Bett ist nicht zu
empfehlen, da dies bestimmte Techniken erschwert oder unmög-
lich macht.

2 Ausgangstest

Auf dem Markt existiert eine Vielzahl an Trainingsbüchern, Zwei-Wochen-Kursen und Workbooks, die den Anspruch erheben, Interessierten die Kunst des Speed Readings zu vermitteln. Und auch auf dem Seminarmarkt tummeln sich seriöse wie auch unseriöse Anbieter, die die Technik des Hochgeschwindigkeitslesens in Tages- oder Wochenendworkshops an den Mann zu bringen versprechen. Leider hat das Gros dieser Angebote eine Gemeinsamkeit:

Nur bei den wenigsten findet eine Evaluation Ihrer Fortschritte statt. Der Leser kämpft sich durch ein Buch und erledigt brav die dargebotenen Übungen; der Teilnehmer lauscht dem Seminarleiter und arbeitet in Übungsphasen hochkonzentriert – und am Ende des Buches oder Seminartags bedankt man sich für ihr Engagement und versichert: „Toll dass Sie hier waren – Sie lesen nun schneller!"

Auf diese Weise soll in diesem Handbuch nicht gearbeitet werden; dies ist weder der Anspruch des Schöningh Verlags noch ist dies mein Anspruch. Stattdessen werden Sie die Möglichkeit erhalten, Ihre Lesegeschwindigkeit an drei Stellen dieses Kurses genau zu bestimmen, um so Ihre Fortschritte dokumentieren zu können. Der erste dieser drei Tests steht schon in diesem Kapitel an, da wir zunächst die Ausgangsgeschwindigkeit feststellen wollen, mit der Sie aktuell noch lesen. Gehen Sie dazu folgendermaßen vor:

- Lesen Sie den auf der nächsten Seite beginnenden Text zu Altbundeskanzler Willy Brandt.
- Lesen Sie in Ihrem gewohnten Tempo und bemühen Sie sich bitte nicht darum, außerordentlich schnell zu lesen. Dies würde unser Ergebnis verfälschen.
- Lassen Sie während des Lesens die Stoppuhr Ihres Smartphones mitlaufen, um die Zeit zu bestimmen, die Sie für diesen Text benötigen.
- Tragen Sie am Ende des Texts Ihre Zeit in Minuten und Sekunden in den dafür vorgesehenen Kasten ein. Runden Sie dabei der Einfachheit halber stets auf 10 s, so dass Sie beispielsweise 4 min 10 s anstelle von 4 min 8 s oder 3 min 50 s statt 3 min 52 s eintragen.

Text
Willy Brandt – Idol der Jugend und Wegbereiter der Aussöhnung mit dem Osten

Willy Brandt, 1913 als Herbert Frahm in Lübeck geboren, gehört zu jenen deutschen Politikern, die Geschichte schrieben. Aus kleinen Verhältnissen stammend, fand er schon früh den Weg in die organisierte Arbeiterbewegung. Hier machte er sich schnell als Journalist einen Namen. Die Machtergreifung der Nationalsozialisten veranlasste ihn 1933, nach Norwegen ins Exil zu gehen, um sich dort im Kampf gegen Hitler zu engagieren. 1938, nachdem ihn die deutschen Behörden ausgebürgert hatten, wurde er norwegischer Staatsbürger und kämpfte 1940 gegen die deutschen Invasoren. Dann floh er nach Schweden, wo er den Rest des Krieges verbrachte. In Oslo begann er ein Geschichtsstudium, beendete dieses jedoch ohne Abschluss zugunsten seiner publizistischen Tätigkeit für norwegische Zeitungen. 1937 berichtete Brandt für mehrere norwegische Zeitungen aus dem Spanischen Bürgerkrieg, in dem er Partei ergriff für den Kampf der Linkssozialisten gegen die drohende Militärdiktatur unter dem putschenden General Franco. Nach Oslo kehrte er lediglich zurück, um seiner drohenden Verhaftung in Barcelona zu entgehen. Unter dem Pseudonym Willy Brandt – von ihm auch als „Kampfname" bezeichnet – kehrte er nach dem Krieg nach Deutschland zurück, zunächst als Korrespondent skandinavischer Zeitungen. In dieser Funktion berichtete er über die Nürnberger Prozesse.

Schon bald engagierte Brand sich in der SPD, die er seit 1949 als Berliner Abgeordneter im Bundestag vertrat. 1957 übernahm er das Amt des regierenden Bürgermeisters von Berlin, das er bis 1966 innehatte. In der Zeit der Berlinkrisen und des Mauerbaus erwarb er sich durch seine Standfestigkeit großes Ansehen im In- und Ausland. So setzte er sich im Zuge des Ungarn-Aufstands, der gewaltsam niedergeschlagen wurde, an die Spitze eines antisowjetischen Demonstrationszugs in Berlin und verhinderte eine Eskalation. Mit dieser Tat – so war die Berliner Presse sich einig, hatte er den politischen Durchbruch geschafft und sich den Einzug ins Rathaus geebnet.

1961 kandidierte er erstmals für das Amt des Bundeskanzlers. In die Endphase des Wahlkampfs fiel der Mauerbau in Berlin. Hier punktete Brandt im Vergleich zu seinem Gegenüber Konrad Adenauer, indem er seinen Wahlkampf unterbrach und sich Unterstützung suchend an den US-Präsidenten John F. Kennedy wandte. Brandts Wahlkampf bescherte der SPD einen Stimmenzuwachs von 4,4 Prozent, während die CDU in ähnlichem Maße und damit die absolute Mehrheit verlor. 1964-1987 bekleidete er das Amt des Vorsitzenden der SPD und übte von 1966 bis 1969 während der ersten Großen Koalition der Bundesrepublik im Kabinett Kiesinger das Amt des Außenministers und Vizekanzlers aus. Trotz zunehmender Anfeindungen seiner Person wegen seiner unehelichen Herkunft und seiner Zeit im Exil führte er als profiliertester Politiker seine Partei 1966 in die Große Koalition, machte sie regierungsfähig. 1969 schließlich wurde er zum ersten sozialdemokratischen Bundeskanzler gewählt. Dabei führte er die sozial-liberale Koalition von SPD und FDP.

Sein Programm „Mehr Demokratie wagen" wie auch seine zielstrebige Politik der Aussöhnung mit den ehemaligen Kriegsgegnern beziehungsweise Opfern der NS-Politik im Osten, auch die Annäherung an die DDR – 1970 traf er sich zweimal mit Ministerpräsident Willy Stoph – stieß vor allem bei der jüngeren Generation auf große Zustimmung. Sie versprach sich davon nach Jahren der als restaurativ empfundenen Politik der Adenauer-Ära nicht nur den Übergang zu einer wirklich demokratischen Gesellschaft, sondern auch das Ende des Kalten Krieges, der die Welt in den Jahren zuvor mehrfach an den Rand einer atomaren Katastrophe gebracht hatte.

Brandts Kniefall am Mahnmal des Ghetto-Aufstands in Warschau leitete symbolisch die Entspannungspolitik ein und mündete zu einem späteren Zeitpunkt in den Ostverträgen mit Polen und der Sowjetunion sowie dem Grundlagenvertrag mit der DDR. Vor allem diese Ostpolitik Brandts polarisierte die bundesdeutsche

Gesellschaft über viele Jahre. Insbesondere die de facto Aufgabe
der Gebiete östlich von Oder und Neiße stieß auf großen Wider-
stand. Im Ausland, wurde diese Politik weitgehend begrüßt. 1971
erhält er dafür den Friedensnobelpreis. Diese Auszeichnung hin-
derte die Opposition aus CDU/CSU nicht daran, im April 1972
ein Misstrauensvotum im Bundestag einzubringen, das er jedoch
knapp unter bis heute nicht völlig geklärten Umständen über-
stand. Es wird davon ausgegangen, dass mindestens zwei Abge-
ordnete von CDU und CSU seitens des Ministeriums für Staats-
sicherheit der DDR bestochen worden waren. Der überwältigende
Sieg bei den anschließenden Wahlen zum Deutschen Bundestag
im November 1972 verlieh seiner Politik jedoch die notwendige
Legitimation.

Die Ölkrise des Jahres 1973 verschärfte die Lage im Innern und
ließ zahlreiche Reformvorhaben scheitern. Diese Entwicklung
schwächte seine Stellung; die Aufdeckung des DDR Spions Gün-
ter Guillaume in seiner unmittelbaren Umgebung veranlasste ihn
– nicht zuletzt von engen Parteifreunden gedrängt – im Mai 1974
vom Amt des Bundeskanzlers zurückzutreten und einem Prag-
matiker der Macht, Helmut Schmidt, Platz zu machen. Guillaume
war als Referent für Parteiangelegenheiten einer von Brandts
engsten Mitarbeitern gewesen, dem dieser trotz bestehenden
Spionageverdachts weiterhin vertraute. Diese Affäre Guillaume
jedoch schien eher der Auslöser als die Ursache des Rücktritts
gewesen zu sein, da seine Beliebtheit in der Bevölkerung sowie
sein Rückhalt in den eigenen Reihen zunehmend schwanden.

Der Rücktritt war jedoch keineswegs das Ende seiner Karriere. Als
Vorsitzender der Nord-Süd-Kommission sowie der Sozialisti-
schen Internationalen errang er weltweit großes Ansehen bei dem
Versuch, Erste und Dritte Welt einander anzunähern. 1987 trat er
nach innerparteilichen Auseinandersetzungen vom Amt des
SPD-Vorsitzenden zurück, blieb jedoch der Übervater seiner Partei. Die Wiedervereinigung Deutschlands war für ihn die Erfül-
lung seines Lebenswerkes. „Jetzt wächst zusammen was zusammen gehört", erklärte er in einer denkwürdigen Rede am Tag nach
dem Mauerfall.

Brandts Privatleben war gekennzeichnet von wechselnden eheli-
chen wie außerehelichen Beziehungen. So heiratete er zunächst
Calota Thorkildsen, die ihm eine gemeinsame Tochter schenkte.
Noch im Jahr der Scheidung 1948 heiratete er erneut. Aus dieser
Ehe mit der verwitweten Rut Bergaust gingen drei Söhne hervor.
Nachdem er von seiner zweiten Frau geschieden worden war,
heiratete er die Publizistin Brigitte Seebacher. Diese Ehe hielt bis
zu Brandts Tod.
Neben diesen drei Ehen wurden Willy Brandt mehrere außerehe-
liche Affären nachgesagt – unter anderem mit der DDR-Spionin
Erika Schulz.

Mit seiner Politik, vor allem seinen Versuchen, sich neuen Entwicklungen zu öffnen, Probleme anzugehen und seiner Fähigkeit, visionär zu denken, setzte Willi Brandt nicht nur Maßstäbe,
sondern faszinierte vor allem die jüngere Generation, die ihn bis
zuletzt als eine moralische Instanz und ihr Idol betrachtete. Dabei
hatte er nur selten Berührungsängste und traf sowohl den Chef
der palästinensischen PLO, Yassir Arafat, als auch Fidel Castro
und Erich Honecker. Hoch geachtet starb er 1992.

(Text leicht verändert nach Epkenhans: Geschichte Deutschlands, 128f)

Benötigte Zeit:

_____min   _____s

Da die Lesegeschwindigkeit in Wörtern pro Minute (Words per
Minute = WpM) angegeben wird, sollten Sie an dieser Stelle den
Taschenrechner zu Rate ziehen. Dividieren Sie die Anzahl der Wör-
ter des Texts durch die Minuten, die Sie zum Lesen benötigten. Der
Text enthält 1020 Wörter. Aber Achtung! An dieser Stelle tritt in
Seminarveranstaltungen regelmäßig ein Problem auf:
    Denken Sie daran, dass 3 min 50 Sekunden genau so wenig 3,5
min sind wie 4 min 10 s dem Wert 4,1 min entsprechen. Entnehmen

Sie die entsprechenden Werte bitte der folgenden Tabelle, um sicherzustellen, dass diese Fehlerquelle ausgeschlossen werden kann.

3 min 00 s ≙ 3,00 min	4 min 00 s ≙ 4,00 min	5 min 00 s ≙ 5,00 min	6 min 00 s ≙ 6,00 min	7 min 00 s ≙ 7,00 min
3 min 10 s ≙ 3,17 min	4 min 10 s ≙ 4,17 min	5 min 10 s ≙ 5,17 min	6 min 10 s ≙ 6,17 min	7 min 10 s ≙ 7,17 min
3 min 20 s ≙ 3,33 min	4 min 20 s ≙ 4,33 min	5 min 20 s ≙ 5,33 min	6 min 20 s ≙ 6,33 min	7 min 20 s ≙ 7,33 min
3 min 30 s ≙ 3,5 min	4 min 30 s ≙ 4,5 min	5 min 30 s ≙ 5,5 min	6 min 30 s ≙ 6,5 min	7 min 30 s ≙ 7,5 min
3 min 40 s ≙ 3,67 min	4 min 40 s ≙ 4,67 min	5 min 40 s ≙ 5,67 min	6 min 40 s ≙ 6,67 min	7 min 40 s ≙ 7,67 min
3 min 50 s ≙ 3,83 min	4 min 50 s ≙ 4,83 min	5 min 50 s ≙ 5,83 min	6 min 50 s ≙ 6,83 min	7 min 50 s ≙ 7,83 min

Berechnung Lesegeschwindigkeit Ausgangstest:

1 020 w : _____ min = _____ WpM

Die soeben von Ihnen festgestellte Lesegeschwindigkeit kann und darf nicht der einzige Parameter sein, an dem wir uns orientieren. Andernfalls hieße dies, Ihr Lesetempo weiter und weiter zu steigern unabhängig von der Frage, wie viel des Inhalts Sie verstehen und aufnehmen. Aus diesem Grund ist es notwendig, als zweite Größe das Textverständnis zu ermitteln.

Das Textverständnis wird in der Regel in Prozent angegeben, wobei man ab einem Textverständnis von 70 Prozent davon spricht, dass ein Text verstanden wurde. Gehen Sie von daher die folgenden Multiple Choice Fragen durch:

- Kreuzen Sie die richtigen Antworten an.
- Bitte raten Sie nicht und kreuzen Sie nicht auf gut Glück eine der zur Auswahl stehenden Antworten an.
- Vergessen Sie nicht: Sie müssen niemandem etwas beweisen – es geht lediglich darum, eine Ausgangsgröße für Ihre Fortschritte zu ermitteln.
- Lesen Sie auch nicht erneut im Text nach – arbeiten Sie ausschließlich aus Ihrem Gedächtnis. Wir wollen sehen, wie viel des Inhalts bei Ihnen „hängen geblieben" ist.

Multiple Choice Fragen

(1) Unter welchem Namen wurde Willy Brandt ursprünglich geboren?
   a) Heribert Freimann ❏
   b) Herbert Frahm ❏
   c) Helmut Ramsauer ❏

(2) Wo wurde Willy Brandt geboren?
   a) Berlin ❏
   b) Bonn ❏
   c) Lübeck ❏

(3) Durch welche Tätigkeit machte er sich innerhalb der organisierten Arbeiterbewegung schnell einen Namen?
   a) Tätigkeit als Organisator von
       Wahlkampfveranstaltungen ❏
   b) Tätigkeit als Journalist ❏
   c) Tätigkeit als scharfer, wortgewaltiger Ankläger
       der Regierenden ❏

(4) Welche Staatsbürgerschaft nahm er nach seiner Ausbürge-
     rung durch die Nationalsozialisten an?
     a) norwegisch   ❑
     b) britisch   ❑
     c) US-amerikanisch   ❑

(5) Welches Studium begann er in Oslo?
     a) Geschichtsstudium   ❑
     b) Germanistikstudium   ❑
     c) Wirtschaftswissenschaft   ❑

(6) Aus welchen Ländern berichtete Brandt für norwegische Zei-
     tungen?
     a) Deutschland und Dänemark   ❑
     b) Deutschland und Spanien   ❑
     c) Dänemark und Spanien   ❑

(7) Für welche Seite trat Brandt im Spanischen Bürgerkrieg ein?
     a) für die Linkssozialisten gegen Franco   ❑
     b) für Franco gegen die Linkssozialisten   ❑
     c) für keine Seite – er blieb neutral   ❑

(8) Welche deutsche Stadt regierte er als Bürgermeister?
     a) München   ❑
     b) Berlin   ❑
     c) Hamburg   ❑

(9) Welcher Aufstand war der Hintergrund für seinen politischen
     Durchbruch in Berlin?
     a) Ungarn-Aufstand   ❑
     b) Polen-Aufstand   ❑
     c) Arbeiter-Aufstand   ❑

(10) Gegen welchen christdemokratischen Kandidaten trat Brandt
     1961 in seinem ersten Wahlkampf um das Bundeskanzleramt an?
     a) Konrad Adenauer   ❑
     b) Kurt Georg Kiesinger   ❑
     c) Helmut Schmidt   ❑

(11) Wie beeinflusste Brandts Antritt das Ergebnis der Bundes-
     tagswahl?
     a) Die SPD wiederholte ihr gutes Wahlergebnis
         der vorherigen Wahl.   ❏
     b) SPD und CDU gewannen beide auf Kosten
         der FDP.   ❏
     c) Die SPD gewann etwa 4 %, die CDU verlor
         etwa 4 %.   ❏

(12) Welche Ämter hatte Brandt unter Kanzler Kiesinger inne?
     a) Außen- und Entwicklungsminister   ❏
     b) Wirtschaftsminister und Vizekanzler   ❏
     c) Außenminister und Vizekanzler   ❏

(13) Wie lautete sein Programm?
     a) „Vorwärts immer, rückwärts nimmer"   ❏
     b) „Mehr Demokratie wagen"   ❏
     c) „SPD – eine für alle Arbeiter"   ❏

(14) Weshalb war Brandts Ostpolitik innerhalb Deutschlands
     nicht unumstritten?
     a) wegen der Aufgabe der Gebiete östlich von
         Oder und Neiße   ❏
     b) wegen der Aufgabe der Grenzgebiete
         zu Frankreich   ❏
     c) wegen der Anerkennung der deutschen
         Kriegsschuld   ❏

(15) Weshalb verlief das Misstrauensvotum gegen Brandt nicht
     rechtens?
     a) zwei Abgeordnete gaben ihre Stimmen
         mehrmals ab   ❏
     b) zwei Abgeordnete wurden von der Stasi
         bestochen   ❏
     c) zwei Abgeordnete waren bedroht worden   ❏

(16) Wofür engagierte Brandt sich nach seiner Zeit im Kanzler-
      amt?
      a) für die atomare Abrüstung in Ost und West   ❏
      b) für die Annäherung von Erster und Dritter Welt   ❏
      c) für die Gleichberechtigung der Frau   ❏

(17) Wie häufig war Brandt verheiratet?
      a) zwei Mal   ❏
      b) drei Mal   ❏
      c) vier Mal   ❏

(18) Wie lautete der Familienname von Brandts letzter Frau?
      a) Reimann   ❏
      b) Eichenseher   ❏
      c) Seebacher   ❏

(19) Welche umstrittenen Persönlichkeiten traf Brandt?
      a) Yassir Arafat, Fidel Castro und Erich Honecker   ❏
      b) Yassir Arafat, Erich Honecker und Josef Stalin   ❏
      c) Mao Tse-Tung, Fidel Castro und Erich Honecker   ❏

(20) Wann starb Brandt?
      a) 1984   ❏
      b) 1992   ❏
      c) 2006   ❏

Vergleichen Sie nun Ihre Antwortauswahl mit der folgenden Musterlösung und tragen Sie die Anzahl Ihrer richtigen Antworten in
den dafür vorgesehenen Kasten ein. Jede richtig beantwortete Frage schlägt dabei mit fünf Prozentpunkten zu Buche.

Musterlösung

(1)	b	(5)	a	(9)	a	(13)	b	(17)	b
(2)	c	(6)	b	(10)	a	(14)	a	(18)	c
(3)	b	(7)	a	(11)	c	(15)	b	(19)	a
(4)	a	(8)	b	(12)	c	(16)	b	(20)	b

Textverständnis Ausgangstest:

_____ von 20 entspricht _____ %

Ausgehend von den beiden eben ermittelten Werten, die Sie auch auf Seite 143 in Ihre Fortschrittstabelle eintragen sollten, um so einen Überblick über die Veränderung Ihrer Lesegeschwindigkeit zu erhalten, werden wir im Laufe dieses Kurses Ihre Fortschritte bewerten.

An dieser Stelle wird Sie vermutlich interessieren, wie Sie im Vergleich mit anderen Lesern abschneiden. Dies ist insofern schwierig zu sagen, als die Angaben in der Literatur nicht wirklich glaubhaft sind: Zumeist ist die Rede von einer durchschnittlichen Lesegeschwindigkeit von 200 bis 240 WpM, während gute, jedoch nicht des Speed Readings mächtige Leser angeblich etwa 400 WpM lesen. Hier jedoch scheint ein Autor vom anderen abzuschreiben, unkritisch Zahlen aus dem angloamerikanischen Sprachraum zu übernehmen und sich letztendlich doch auf die folgenden, unbelegten Angaben bei Wikipedia zu beziehen:

Lesertyp	Lesegeschwindigkeit	Verständnis
Schlechte Leser	10–100 WpM	30–50 %
Durchschnittliche Leser	200–240 WpM	50–70 %
Gute Leser	rund 400 WpM	70–80 %
ca. 1 % der Bevölkerung	800–1000 WpM	>80 %
ca. 1 ‰ der Bevölkerung	>1000 WpM	>80 %

Aus meiner Erfahrung lässt sich festhalten, dass eine Lesegeschwindigkeit von 400 Wörtern pro Minute kombiniert mit einem zufriedenstellenden Textverständnis bei untrainierten Lesern mehr als nur eine Ausnahme ist. Selbst Studierende, die gemeinhin mehr lesen als der Durchschnittsbürger und dadurch geübt sind, erzielen in der Regel deutlich niedrigere Werte. In einem Tagesseminar mit mehr als 70 Teilnehmern an einer privaten Businesshochschule betrug die durchschnittliche Ausgangslesegeschwindigkeit 176 WpM. Das Textverständnis lag dabei größtenteils zwischen 70 und 90 Prozent. Sie sehen also – viele der in der Literatur zu findenden Richtwerte sind mit Vorsicht zu genießen.

Lassen Sie die eben erfolgten Ausführungen und gewonnenen Erkenntnisse für den Moment so stehen. Wir werden zu einem späteren Zeitpunkt darauf zurückkommen.

3 Grundlagen – Überwinden Sie alte Gewohnheiten

Die folgenden grundlegenden Ausführungen zum Speed Reading fallen etwas umfangreicher aus, als die nachfolgenden Bausteine *Basic Techniques*, *Superior Techniques* und *Meta Techniques*. Das hat unterschiedliche Gründe:

* Anders als in den folgenden Kapiteln werden Sie unter dem Stichwort *Grundlagen* nicht nur neue Techniken erlernen, sondern darüber hinaus kontraproduktive Gewohnheiten ablegen. Dies dauert erfahrungsgemäß etwas länger und erfordert etwas mehr Übung.

* Zusätzlich zu den einzelnen Techniken des Speed Readings werden in diesem Kapitel die einzelnen Übungsmöglichkeiten vorgestellt. So kann bei den nachfolgenden Ausführungen darauf zurückgegriffen werden.

* Diese Grundlagen sind von zentraler Bedeutung für die Steigerung Ihres Lesetempos und das erfolgreiche Erlernen des Speed Readings. Von jeder zusätzlichen Minute, die Sie an dieser Stelle investieren, profitieren Sie bei den weiteren Techniken.

* Neben den eigentlichen Techniken des Speed Readings kommen an dieser Stelle weitere Faktoren zur Sprache, welche die Effizienz Ihres Leseprozesses beeinflussen.

Lassen Sie uns jedoch mit den vier grundlegenden Werkzeugen des Speed Readings beginnen:

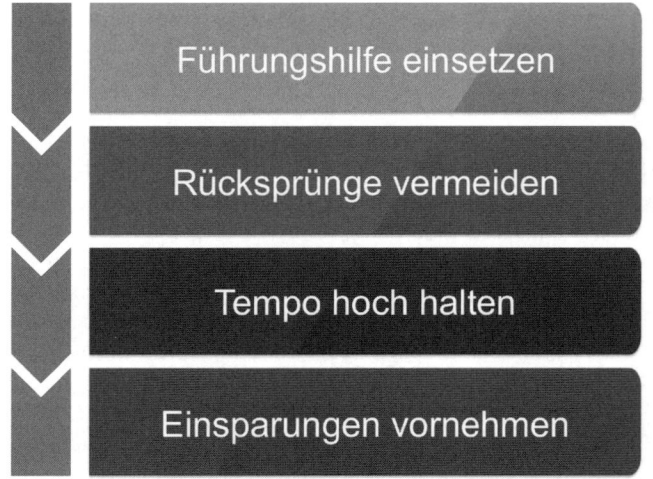

3.1 Tipp 1: Verwenden Sie eine Führungshilfe

Ihr Nutzen, Ihre Vorgehensweise

Den ersten Schritt auf dem Weg zum Hochgeschwindigkeitsleser tun Sie, indem Sie sich zurück in Ihre Schulzeit denken – genauer gesagt in die Anfangsjahre, als Sie das Lesen erst mehr oder weniger mühsam erlernen mussten. Erinnern Sie sich, wie Sie damals mit dem Zeigefinger unter den Worten entlang gefahren sind, um sich nicht in der Zeile zu vertun und immer genau zu wissen, welches Wort Sie gerade lesen?

Selbst heute als Erwachsener und sicherer Leser werden Sie Ihre Augen in verschiedenen Situationen mit dem Finger führen: Wenn Sie das Kleingedruckte in Verträgen studieren, in der unübersichtlichen Speisekarte des asiatischen Lieferservice ein Gericht auswählen oder in einer ausgedruckten Excel-Tabelle etwas Bestimmtes suchen. In all diesen Fällen stellen Sie sicher, dass Ihre Augen nicht die Orientierung verlieren.

Der Grund dafür, dass wir uns in vielen Fällen mit einer derartigen Zeigehilfe leichter tun, liegt in der Beschaffenheit und Leistungsfähigkeit unserer Augen begründet. Diese sind vor allem zu zwei beeindruckenden Leistungen fähig:

(1) Mit Ihren Augen können Sie ein Objekt ganz genau fixieren, selbst wenn dieses sich sehr schnell bewegt. Diese Fähigkeit ist seit Urzeiten von besonderer Bedeutung gewesen, da es dem Jäger nur so möglich war, seine Beute anzuvisieren, um sie mit Pfeil und Bogen oder dem Speer zu erlegen. Auch heute noch beobachten wir interessiert ein startendes Flugzeug oder den vorbeifahrenden Sportwagen.

(2) Außerdem gelingt es Ihren Augen, ein Objekt selbst dann genau zu fixieren, wenn dieses sich in weiter Ferne befindet. Bei klarem Himmel können Sie beispielsweise im unter Ihnen liegenden Tal den Kirchturm ausmachen.

So toll und beeindruckend diese Fähigkeiten auch sind, so wenig helfen diese beim Lesen: Weder ziehen die Buchstaben in hoher Geschwindigkeit an Ihren Augen vorbei, noch sind sie weit entfernt. Vielmehr sind es Ihre Augen, die über unbewegliche Buchstaben hinweg gleiten. Dies jedoch bereitet dem menschlichen Auge Probleme.

Um hier Abhilfe zu schaffen und eine der Stärken des menschlichen Auges zu nutzen, tun Hochgeschwindigkeitsleser das Gleiche wie Grundschüler – sie nutzen eine Führungshilfe, normalerweise einen Bleistift oder eben den Finger. Bei Wettkämpfen im Schnelllesen können Sie gelegentlich sogar Teilnehmer beobachten, die asiatische Essstäbchen nutzen. Ihrer Phantasie sind keine Grenzen gesetzt, solange es sich um einen länglichen, eher schmalen Gegenstand handelt. Dieser wird wie die Pfeile in folgender Abbildung zeigen unter den Textzeilen entlang geführt.

Erziehungsstilforschung

Das Ehepaar Tausch stellte fest, dass die Mehrzahl der Lehrkräfte

autoritäres Verhalten negativ beurteilt. Trotzdem reagieren viele

von ihnen unter Handlungsdruck autoritär. Vor allem in

Situationen, in denen sie Gefahr laufen, die Kontrolle über eine

Klasse zu verlieren (hoher Lärmpegel, Streitereien etc.), handeln

Erzieher häufig anders, als sie handeln wollen oder als sie glauben

zu handeln.

Die Einteilung der Erziehungsstile in Typologien entspricht nicht

den Ausprägungsformen in der Wirklichkeit. Erziehungsstile sind

gedankliche Modelle, so genannte „Konstrukte", die der Realität

mehr oder weniger entsprechen.

Einzelne Merkmale werden herausgehoben und dadurch über-

betont. Gleichzeitig werden mit einem Begriff wie „demokratisch"

weitere Eigenschaften verknüpft. Dieses Vorgehen führt

zwangsläufig zu Verzerrungen und Beurteilungsfehlern.

Jede Lehrkraft hat einen ihrer Art entsprechenden Erziehungsstil,

der letztlich einmalig und unverwechselbar ist und der unter

Umständen von Situation zu Situation und von Bezugsgruppe zu

Bezugsgruppe variieren kann. Bisherige Erfahrungen und die

augenblickliche Situation des Einzelnen bestimmen seine

Da die Augen des Lesers dabei der Spitze des Bleistifts folgen, fixieren sie ein sich bewegendes Objekt – eine Aufgabe, die sie sehr gut beherrschen. Die einzelnen Wörter werden nebenbei wahrgenommen. Man könnte sagen, Sie lesen wie im Flug. Dies funktioniert deshalb nach einigen Minuten der Übung besonders einfach, weil wir die Fähigkeit des peripheren Sehens haben. Das heißt, wir nehmen nicht allein einen fixierten Punkt wahr, sondern darüber hinaus auch seine Umgebung. Dazu jedoch an anderer Stelle mehr.

Lassen Sie mich zusammenfassen:

> Mittels einer Zeigehilfe führen Sie Ihre Augen über den Text. Die Augen fixieren dabei ausschließlich die Spitze der Zeigehilfe. Die einzelnen Wörter werden nicht bewusst gelesen, sondern „nebenbei" erfasst.

Schreiten Sie zur Tat

Wichtig beim Einsatz einer Führungshilfe ist es, deren Spitze auch wirklich im Blick zu behalten. Lassen Sie es zu, dass Ihre Augen über den Text geführt werden! Dies bedarf an dieser Stelle der Übung.

- Nutzen Sie Ihre Führungshilfe und „lesen" Sie den Text.
- Setzen Sie Ihre Zeigehilfe möglichst flach auf dem Buch auf und führen Sie sie wie in der Abbildung gezeigt unterhalb der Zeilen entlang.
- Fixieren Sie dabei bewusst die Spitze Ihrer Zeigehilfe.
- Wenn Sie diese aus den Augen verlieren, halten Sie einen Moment inne und richten den Blick erneut auf die Spitze.
- Wechseln Sie mehrmals zwischen Bleistift und Zeigefinger.
- Lassen Sie sich nicht von dem wenig aussagekräftigen „Text" irritieren.

Üben Sie am folgenden Text!

Xxxx xxxxx Xxxx xx xxxxxxx xxxxx Xxxx xxxxxxxxxxxxxxxx xxxxxxx xxxxxxxx xx xxx Xxxxxx xxxxxxxx Xxxxx xxx xxxx xxxxxxxxx. Xxxxx Xxxxxxx xxxxx Xxxxx xx xxxxxxx xxxx Xxxxx xxxxxx Xxxxxxx xxx xxxxxx, xxxxx Xxxxxxxxxxxxx Xxxx xxxxxxxxxxxxxxx xxxxx. Xxxxxxxxx xxx Xxxxx Xxx xxx xx xxxxx Xxxxxx Xxxxxxx Xxxxx xx xxxxxxxx xxxx xxx Xxx xxxxxx xxxxx Xxxxxxx xxxx Xxxxxxxxxxxx xxx xxxxxxxxxxx Xxxxxxxx Xxxxxx xxxx Xxxx xxxxx xxxxxxx xxxxxxxxxxx Xxxx xxxx xxxxx Xxxxxx xxxxxxxx Xxxxxxxxxxxx.

Xxxxxx xxxxxxxx Xxx xxx xx Xxxxxxx Xx xxxxxxx xxxxx Xxxx xxxxxx xxxxxx Xxx. Xxxxxx xxxxxxx xxxx Xxx xxxx xxxxxxx Xxxxxxxxxxxx xxx xxx Xxxxx xxx xx Xxx Xxxxxvx xxxxxx xxxxx Xxxxxxxxx xxx xxxxxxxx. Xxxxxxx xxxx xxxxx xxxx Xxxxxxx xxxxxxx Xxx xx xxx xxxx xxx Xxxxxxx xxxxxx Xxxxxx xxxxx Xxxxx, xx xx xxx. Xxxxxx Xxxxxxx xxxxxx xxxxx Xxxxx xx Xxxx xxxxxx xxxxx Xxxx xxxx xx xxxx xx xxxx Xxxxxx Xxx xxxxxx.

Xxxx xxxxx Xxxx xx xxxxxxx xxxxx. Xxxx xxxxxxxxxxxxxxxx xxxxxxx xxxxxxxx xx xxx Xxxxxx, xxxxxxxx Xxxxx xxx xxxx xxxxxxxxx Xxxxx Xxxxxxx xxxxx. Xxxxx xxxxx Xxxxxxxxx xxx Xxxxx Xxx xxx xx xxxxx Xxxxxx Xxxxxxx Xxxxx xx xxxxxxxx xxxv xxx Xxx xxxxxx xxxxx. Xxxxxxx xxxx Xxxxxxxxxxxx xxx xxxxxxxxxxx Xxxxxxxx Xxxxxx xxx Xxxx xxxxx xxxxxxx xxxxxxxxxxx Xxxx xxxx xxxxx Xxxxxx xxxxxxxx Xxxxxxxxxxxx.

Xxxxx xxxxxxx Xxxx xxxxxx xxxxxxxxx XxxxxxXxxx xxxxx Xxxx xx xxxxxxx xxxxx Xxxx xxxxxxxxxxxxxxxx xxxxxxx xxxxxxxx xx xxx Xxxxxx xxxxxxxx Xxxxx xxx xxxx xxxxxxxxx Xxxxx Xxxxxxx xxxxx Xxxxx xx xxxxxxx xxxx. Xxxxx xxxxx Xxxxxxx xxx xxxxxx xxxxx Xxxxxxxxvxxxx, Xxxx xxxxxxxxxxxxxx, xxxxx Xxxxxxxxx xxx Xxxxx Xxx xxx xx xxxxx Xxxxxx Xxxxxxx Xxxxx xx xxxxxxxx xxxx xxx Xxx xxxxxx xxxxx Xxxxxxx xxxx Xxxxxxxxxxxx xxx xxxxxxxxxxx Yxxxxxx Xxxxxx xxx. Xxxx xxxxx xxxxxxx xxxxxxxxxxx Xxxx xxxx xxxxx Xxxxxx xxxxxxxx Xxxxxxxxxxxx.

Xxxxxx xxxxxxxx xxx xx Xxxxxxx Xx xxxxxxx xxxxx Xxxx xxxxxx xxxxxx Xxx Xxxxxx xxxxxxx xxxx. Xxx xxxx Xxxxxxxxxxxx xxx xxx Xxxxx xxx xx Xxx Xxxxxxx xxxxxx xxxxx Xxxxxxxxx xxx xxxxxxxx Xxxxxxx xxxx xxxxx xxxx Yxxxxxx Xxx xx xxx xxxx xxx Xxxxxxx xxxxxx Xxxxxx xxxxx Xxxxx xx xx xxx. Xxxxxx Xxxxxxx xxxxxx xxxxx Xxxxx xx Xxxx xxxxxx xxxxx Xxxx xxxx xx xxxx xx xxxx Xxxxxx. Xxx xxxxxx Yxxxxx xxxxxxxx Xxx xxx xx Xxxxxxx Xx xxxxxxx, vxxxx Xxxx xxxxxx xxxxvxx. Xxx Xxxxxx xxxxxxx xxxx Xxx xxxx xxxxxxx Xxxxxxxxxxxx xxx xxx Xxxxx xxx xx Xxx Xxxxxxx xxxxxx xxxxx Xxxxxxxxx xxx xxxxxxxx Xxxxxxx xxxx xxxxx xxxx Xxxxxxx xxxxxxx, Xxx xx xxx xxxx xxx Xxxxxxx xxxxxx Xxxxxx xxxxx. Xxxxx xx xx xxx Xxxxxx Xxxxxxx xxxxxx Xxxxx xx Xxxx xxxxxx xxxxx Xxxx xxxx xx xxxx xx xxxx Xxxxxx Xxx xxxxxx.

Wie ist es Ihnen ergangen?

Konnten Sie die Spitze Ihrer Führungshilfe im Blick behalten oder haben Sie sie „aus den Augen verloren"?

Viele Seminarteilnehmer berichten davon, dass ihre Augen der Zeigehilfe hinterherhinken, wodurch diese häufig bereits einige Wörter oder sogar Zeilen voraus ist. Der umgekehrte Fall, dass die Augen der Führungshilfe voraus sind, tritt deutlich seltener auf. Lassen Sie sich davon in beiden Fällen nicht entmutigen.

Nehmen Sie es zur Kenntnis und verharren Sie einen kurzen Moment, richten Sie anschließend Ihren Blick wieder auf die Spitze von Stift oder Finger und fahren Sie fort. Erfahrungsgemäß dauert es einige Zeit, die Augen wirklich „passiv" über die Zeilen gleiten zu lassen, während die Zeigehilfe die aktive Führung übernimmt.

Weitere Übungen

Lassen Sie uns an dieser Stelle noch ein klein wenig üben – der sichere Einsatz einer Führungshilfe ist die wichtigste Grundlage für eine Steigerung Ihrer Lesegeschwindigkeit. Je mehr Sie das üben, desto leichter fallen Ihnen die nächsten Schritte. Mit den beiden folgenden Übungen machen meine Seminarteilnehmer in der Regel besonders gute Fortschritte.

Konzentrieren Sie sich auf die folgende Übung, wenn Sie bei dem X-Test gelegentlich die Spitze Ihrer Führungshilfe aus den Augen verloren haben. Wenn Ihnen dies keine Probleme bereitet hat, überspringen Sie die Übung und machen weiter auf Seite 37.

Nehmen Sie Ihr Fachbuch zur Hand und schlagen Sie eine beliebige Stelle auf, an der Sie den Umgang mit Ihrer Führungshilfe üben. Nach den Erfahrungen mit der ersten Übung sollten Sie sich nun bereits entschieden haben, ob Sie mit einem Stift oder Ihrem Zeigefinger besser zurechtkommen. Andernfalls experimentieren Sie noch ein wenig. Gehen sie genau so vor, wie beim X-Text:

- Führen Sie Ihre Zeigehilfe unterhalb der Zeilen entlang.
- Fixieren Sie mit ihren Augen konstant die Spitze.
- Bewegen Sie Augen und Führungshilfe synchron.

Bevor Sie loslegen, möchte ich Sie noch um eine Kleinigkeit bitten: Stellen Sie das Buch auf den Kopf. Sie haben richtig gelesen! Drehen Sie das Buch um 180°. Genau wie beim X-Text geht es an dieser Stelle noch nicht darum, den Inhalt wahrzunehmen. Auf dem Kopf stehend wäre dies vermutlich auch sehr schwierig. Konzentrieren Sie sich lediglich darauf, die Spitze Ihrer Führungshilfe gleichmäßig über die Zeilen zu bewegen, sie dabei konstant zu fixieren und Ihre Augen möglichst schnell zu dieser zurückzuführen, wenn Sie sie aus dem Blick verloren haben.

Üben Sie für mindestens zehn Minuten.

Nachdem es bei den ersten beiden Übungen zum Einsatz Ihrer Führungshilfe noch nicht darum gegangen ist, tatsächlich zu lesen, ist es an der Zeit, dies im Folgenden zu ändern. Schlagen Sie dazu eine beliebige Stelle in Ihrem Buch auf und lesen Sie diese. Lassen Sie dabei Ihre Zeigehilfe die Führung Ihrer Augen übernehmen und nehmen Sie den Text selbst sozusagen im Überflug wahr. Sollten Sie dabei Ihre Zeigehilfe aus den Augen verlieren, pausieren Sie kurz, führen Ihre Augen zurück zu dieser und fahren fort

Üben Sie für mindestens fünf bis zehn Minuten.

Reflexion und Zusammenfassung

Halten wir fest: Vermutlich sind Sie sehr überrascht gewesen, als Sie gesehen haben, dass der Text der ersten Übung ausschließlich aus dem Buchstaben X besteht und Sie Ihr Buch bei der zweiten Übung auf den Kopf stellen sollten. Grund hierfür ist, dass Sie sich beim „Lesen" nur auf Ihre Führungshilfe konzentrieren sollen. Es geht zu diesem Zeitpunkt noch nicht darum, Wörter zu erkennen, Inhalte zu erfassen und einen Text tatsächlich zu lesen. Nachdem Sie es seit Jahrzehnten gewohnt sind, Ihre Augen direkt über die Wörter der Texte zu führen, können Sie nicht erwarten, dass es leicht ist, die Führung sofort einer Zeigehilfe zu überlassen.

Viele Seminarteilnehmer haben zu Beginn noch gelegentlich Probleme, den Blick wirklich führen zu lassen und die Wörter „im Vorbeigehen" wahrzunehmen. Lassen Sie sich also nicht entmutigen, sollte es Ihnen ähnlich ergehen – jahrelang eingeübte Praktiken lassen sich nicht innerhalb weniger Minuten völlig abstellen.

Halten Sie Ihre Augen auf die Spitze einer Führungshilfe gerichtet und geben Sie ihnen somit Orientierung.

3.2 Tipp 2: Vermeiden Sie Rücksprünge und Regression

Ihr Nutzen, Ihre Vorgehensweise

Sie haben sich an dieser Stelle bereits daran gewöhnt, kontinuierlich eine Zeigehilfe einzusetzen und dieser die Führung Ihrer Augen zu überlassen. Diese Vorgehensweise hilft Ihnen, die Stärken des menschlichen Auges bestmöglich zu nutzen, hat aber noch einen weiteren Vorteil.

Wie folgende Abbildung zeigt, verläuft der Leseprozess normalerweise nicht einfach kontinuierlich.

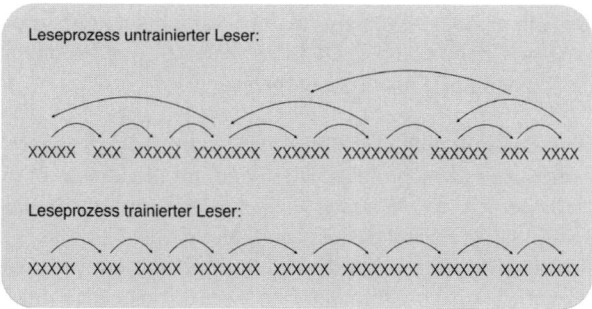

Vielmehr weist er regelmäßig Rücksprünge auf. Hierbei gilt es zwei unterschiedliche Arten von Rücksprüngen zu unterscheiden:

(1) Von klassischen Rücksprüngen oder dem Zurückgehen im Text spricht man, wenn dies unbewusst geschieht.

(2) Als Regression hingegen bezeichnet man das bewusste Zurückgehen im Text, weil der Leser der Meinung ist, etwas nicht erfasst oder verstanden zu haben.

Obwohl beide Arten der Rücksprünge typisch für die Art und Weise sind, wie wir üblicherweise lesen, haben Untersuchungen Interessantes ergeben: 80 Prozent aller bewussten und unbewussten Rücksprünge tragen nichts zur Steigerung des Textverständnisses bei! Mit anderen Worten:

> Vier von fünf Rücksprüngen sind nutzlos und verschwendete Zeit!

Die Ursachen hierfür liegen klar auf der Hand:
- Unbewusste Rücksprünge sind in vielen Fällen nur eine Angewohnheit, die sich im Laufe der Jahre eingeschlichen und verselbstständigt hat.
- In einigen Fällen ist es so, dass unser Unterbewusstsein beim Lesen viel zu schnell den Eindruck hat, einzelne Wörter seien nicht verstanden worden. Noch bevor sich das Verständnis überhaupt eingestellt haben kann, führt es unsere Augen im Text zurück.
- Der Sinn einzelner Wörter und Formulierungen ergibt sich zumeist aus dem Kontext. Dadurch löst sich das Problem von allein, wenn nur einfach weiter gelesen wird.

Leider sind derartige Rücksprünge nicht nur nutzlos, sondern verlangsamen Ihren Leseprozess. Dies wirkt auf den ersten Blick geradezu lächerlich, da ein kurzer Blick zurück ja nun nicht wirklich viel Zeit zu kosten scheint. Geht man allerdings davon aus, dass ein Zurückgehen eine Sekunde kostet, und setzt die bei unseren Teilnehmern beobachteten typischen zwei Rücksprünge pro Zeile an, so verlieren Sie pro Seite etwa 80 Sekunden und somit über eine Minute. Auf diese Art kommen gerade bei umfangreichen Texten und dicken Fachbüchern schnell einige Stunden zusammen.

1 sec pro Rücksprung
2 Rücksprünge pro Zeile
<u>40 Zeilen pro Seite</u>
1 min 20 sec Einsparpotenzial pro Seite

Die gute Nachricht: Gerade diese Rücksprünge lassen sich besonders leicht beheben! Den ersten Schritt dazu haben Sie bereits
getan: Sie nutzen eine Führungshilfe. Dadurch gibt es ab sofort für
Rücksprünge nur zwei Möglichkeiten:

(1) Gemeinsam mit Ihren Augen führen Sie auch Finger oder Stift
    im Text zurück.

(2) Sie verlieren die Spitze Ihrer Zeigehilfe aus den Augen und
    gehen im Text zurück, während Ihre Führungshilfe weiter fort-
    schreitet.

In beiden Fällen werden Ihnen – vermutlich zum ersten Mal – Rück-
schritte tatsächlich bewusst werden und können dadurch leicht
unterbunden werden. Halten Sie ab sofort Ihren Blick konstant auf
die Führungshilfe gerichtet und lassen diesen über die Zeilen hinweg gleiten. Wenn es Ihnen dann auch noch gelingt, die Führungshilfe ausschließlich vorwärts zu führen, ist das Problem bereits
gelöst.

Mit anderen Worten: Einen Bleistift kontinuierlich im Text nach
vorne zu führen, gelang bislang all unseren Seminarteilnehmern.
Wenn es Ihnen zusätzlich noch gelingt, die Spitze des Stifts nicht
aus den Augen zu verlieren, vermeiden Sie zukünftig jegliches Zu-
rückspringen im Text!

Schreiten Sie zur Tat

Lassen Sie es uns etwas üben, Rücksprünge im Text mithilfe einer
Führungshilfe zu vermeiden:

• Nehmen Sie sich nochmals die Textstelle vor, die Sie bereits bei
  der letzten Übung gelesen haben. Dass Rücksprünge hier überflüssig sind, ist einleuchtend: Sie kennen den Inhalt ja bereits.
  Setzen Sie beim Lesen Ihre Zeigehilfe ein.

- Ihre Augen fixieren die Spitze des Bleistifts beziehungsweise Fingers und nehmen den Text nur im „Vorbeigehen" wahr.
- Achten Sie darauf, im Text wirklich konstant vorwärts zu schreiten.

Üben Sie für etwa fünf bis zehn Minuten mit der in der vorherigen Übung gelesenen Textstelle.

Wie ist es Ihnen ergangen?

Vermutlich haben Sie es bei dieser Übung das erste Mal bewusst bemerkt, wenn Sie im Text zurückgehen. Allein diese Bewusstwerdung wird im Laufe der Zeit dafür sorgen, Rücksprünge nach und nach zu minimieren und in kürzester Zeit vollkommen abzustellen.

Üben Sie nochmals an einer unbekannten Textstelle. Sollten Sie dabei einen Rücksprung bemerken – sei es, dass Sie mit der Führungshilfe zurückgehen, sei es, dass Ihre Augen diese nicht mehr fixieren, sondern nach hinten wandern – so reagieren Sie sofort. Fixieren Sie die Spitze Ihrer Zeigehilfe aufs Neue, schreiten Sie aufs Neue im Text voran.

Üben Sie für etwa fünf bis zehn Minuten an einer weiteren, unbekannten Textstelle.

Reflexion und Zusammenfassung

Lassen Sie sich nicht entmutigen, wenn Sie bei eben durchgeführter Übung die Spitze ihrer Zeigehilfe das eine oder andere Mal aus den Augen verloren haben. Dies ist zu Beginn normal, legt sich üblicherweise jedoch innerhalb kürzester Zeit von selbst. Wichtig an dieser Stelle ist, dass Sie das Zurückgehen im Text bewusst wahrnehmen und die Führung Ihrer Augen möglichst schnell wieder von Finger oder Stift übernehmen lassen. Gerade bei den Grundlagen des Speed Readings gilt: Die Bewusstwerdung eines Problems ist bereits der erste Schritt zu seiner Lösung.

In vielen Fällen scheint es so, dass Rückschläge und Regressionen gerade bei Personen besonders hartnäckig auftreten, die von

Natur aus eher skeptisch sind. Diese zweifeln oftmals unbewusst daran, dass der Großteil der Rücksprünge tatsächlich überflüssig ist und nichts Wichtiges zum Textverständnis beisteuert. Werfen Sie Ihre Zweifel über Bord und vertrauen Sie darauf – Speed Reading funktioniert; auch bei Ihnen!

Ein wichtiger Vorteil Ihrer Führungshilfe ist, dass sich mit ihrer Hilfe Rücksprünge im Text vermeiden lassen. Diese kosten nur Zeit und tragen nichts zu einem besseren Textverständnis bei. Konzentrieren Sie sich auf die Spitze Ihres Stiftes und Rücksprünge gehören schon bald der Vergangenheit an.

3.3 Tipp 3: Halten Sie Ihre Geschwindigkeit hoch

Ihr Nutzen, Ihre Vorgehensweise

Die ersten Schritte, die Sie ein Stück näher an Ihr Ziel bringen, mit Höchstgeschwindigkeit zu lesen, haben Sie bereits hinter sich und wie angekündigt handelt es sich bislang nicht um Hexerei, sondern um ganz einfache Techniken; einfach, aber effektiv.

Noch simpler wirkt auf den ersten Blick Tipp 3: Halten Sie Ihre Geschwindigkeit hoch! Dieser Ratschlag scheint überflüssig wie ein Pelzmantel im Hochsommer. – Dass es beim Speed Reading um besonders hohe Geschwindigkeit geht, sollte doch wirklich jedem von Beginn an klar sein. Dennoch stellt dieser Schritt für viele eine Herausforderung auf dem Weg zum Hochgeschwindigkeitsleser dar.

Ursache ist der schulische Deutschunterricht, in dem uns jahrelang erzählt wurde, wir müssten gerade bei anspruchsvollen Texten besonders langsam lesen, um den Inhalt auch ja zu verstehen. Gehen Sie wegen dieser falschen Information nicht zu streng ins Gericht mit ihrem ehemaligen Deutschlehrer – er wusste es halt nicht besser.

In Wahrheit ist es so, dass wir beim Lesen eben nicht Wort für Wort wahrnehmen und daraus den Inhalt des Textes zusammensetzen. Vielmehr registrieren wir Wortcluster, Sinneinheiten und komplexe Formulierungen als Ganzes. Besonders gut verstehen wir Texte, wenn die einzelnen Informationen darin sehr eng zusammenhängen. Prinzipiell existieren dafür drei unterschiedliche Formen von Zusammenhängen:

(1) Der Text ist thematisch nicht sonderlich anspruchsvoll und die einzelnen Informationen hängen *inhaltlich* sehr stark zusammen.

(2) Der Autor hat seinen Text sprachlich sehr einfach formuliert und in kurze prägnante Sätze gepackt, wodurch die einzelnen Informationen *räumlich* unmittelbar aufeinanderfolgen.

(3) Sie steigern Ihre Lesegeschwindigkeit und stellen so sicher, dass die einzelnen Informationen *zeitlich* sehr nah aufeinanderfolgen.

Da es ausschließlich die dritte Variante ist, die Sie persönlich beeinflussen können, konzentrieren wir uns doch darauf. Umso mehr Sie Ihr Lesetempo steigern, desto schneller nehmen Sie eine Einzelinformation nach der anderen auf, wodurch es Ihrem Gehirn leichter fällt, diese miteinander zu verknüpfen und ihren Sinn zu erfassen. Mit anderen Worten:

Schneller lesen = mehr verstehen!

Lassen Sie uns diesbezüglich doch ein kleines Experiment machen und lesen Sie den folgenden Text so langsam und konzentriert wie möglich, um ihn auch ja besonders gut zu verstehen:

Au chwenn esun sind er Sch uleno chso häuf iggepre digt wird, istd asla ngsame Les enni cht imm ervon Vor teil, wen nes da rumg eht, den In halt zu ver stehen.

Lesen Sie den grau unterlegten Text bitte nochmals, bemühen Sie sich dabei jedoch darum, möglichst schnell zu lesen.

Wie ist es Ihnen ergangen? Vermutlich haben Sie im zweiten Durchgang deutlich weniger Probleme gehabt, den Inhalt zu verstehen. Zugegebenermaßen ist dieses Experiment nicht wirklich wissenschaftlich fundiert, zeigt aber dennoch: Textverständnis und hohe Lesegeschwindigkeit sind nicht unbedingt ein Widerspruch!

Schreiten Sie zur Tat

Da Sie mittlerweile sehr sicher im Umgang mit Ihrer Zeigehilfe sein dürften, und ihre Spitze nicht mehr aus den Augen verlieren, sollte es Ihnen leicht fallen, das Tempo hochzuhalten. Lenken Sie Ihren Blick mithilfe von Finger oder Stift ab sofort in Windeseile über jeden Text. Machen Sie sich gerade zu Beginn nicht zu viele Gedanken über das Textverständnis – zum einen werden Sie selbst als Anfänger deutlich mehr erfassen, als Ihnen eigentlich bewusst ist, und zum anderen steigt dies im Laufe der Zeit nochmals deutlich an.

Unsere Lesegeschwindigkeit tatsächlich zu steigern und sicherzustellen, dass wir uns nicht selbst betrügen, ermöglicht die folgende Übung. Diese trägt den Namen *5-3-1-Übung* und ist eine der zentralen Übungen im Speed Reading. Mit ihr können Sie alle weiteren Techniken üben. Gehen Sie folgendermaßen vor:

Erster Durchgang

- Wählen Sie in Ihrem Fachbuch eine Textstelle, die Ihnen bislang unbekannt ist, die aber lang genug ist, um etwa fünf Minuten darin zu lesen, ohne dass der Lesefluss dabei zu sehr von Tabellen, Abbildungen und Kapitelumbrüchen unterbrochen wird.
- Markieren Sie mit Bleistift die Stelle, an der Sie zu lesen beginnen.
- Stellen Sie den Timer Ihres Mobiltelefons auf fünf Minuten und beginnen Sie in Ihrem gewohnten Tempo zu lesen. Eine besonders hohe Geschwindigkeit ist an dieser Stelle noch nicht unser Ziel.
- Setzen Sie dabei eine Zeigehilfe ein und vermeiden Sie Rücksprünge.
- Markieren Sie auch die Stelle, bis zu der Sie gekommen sind, wenn Ihr Timer Sie stoppt.

Lesen Sie für fünf Minuten in gewohntem Tempo.

Zweiter Durchgang

- Lesen Sie dieselbe Textstelle erneut.
- Stellen Sie den Timer Ihres Mobiltelefons diesmal jedoch auf drei Minuten.
- Setzen Sie dabei erneut Ihre Zeigehilfe ein und vermeiden Sie Rücksprünge.
- Steigern Sie Ihr Tempo so weit, dass Sie die Endmarkierung nun bereits in drei Minuten erreichen – bekannt ist Ihnen der Text ja schon.

Steigern Sie Ihr Tempo, um das Ende der Textstelle in nur drei Minuten zu erreichen.

Dritter Durchgang

- Lesen Sie dieselbe Textstelle nun ein drittes Mal.
- Stellen Sie den Timer Ihres Mobiltelefons diesmal auf eine Minute.
- Steigern Sie Ihr Tempo so weit, dass Sie die Endmarkierung nun bereits nach 60 Sekunden erreichen.
- Lassen Sie sich dabei nicht irritieren, wenn Sie den Eindruck haben, die Worte selbst nicht wirklich wahrzunehmen.
- Verlassen Sie Ihre persönliche Komfortzone und jagen Sie Ihre Augen mithilfe der Führungshilfe über den Text.

Führen Sie Ihre Augen in 60 Sekunden über die gesamte Textstelle.

Reflexion und Zusammenfassung

Vermutlich mussten Sie zunächst einmal tief durchatmen, als Sie die Arbeitsanweisungen für den dritten Durchgang gelesen haben. Zu herausfordernd klingt es, einen Text mit fünffacher Geschwindigkeit zu lesen. Außerdem war es doch eigentlich das Ziel, unser Tempo um 50 bis 100 % zu erhöhen. Weshalb also diese unglaubliche Steigerung, die eigentlich nicht wirklich als Lesen bezeichnet werden kann?

Wie ein Langstreckenläufer, der im Training von Zeit zu Zeit seine Laufgeschwindigkeit erhöht und sich so an ein höheres Tempo gewöhnt, wohl wissend dass er es nicht über seine komplette Wettkampfdistanz halten könnte, verlassen auch Sie bei dieser Übung Ihre Komfortzone. Sie gewöhnen sich daran, mit signifikant höherer Geschwindigkeit zu lesen.

Wenn Sie den Effekt einmal überprüfen möchten, lesen Sie die markierte Textstelle ein zweites Mal in drei Minuten. Die hierfür nötige Geschwindigkeit wird Ihnen nun unglaublich langsam vorkommen, obgleich sie noch immer deutlich über Ihrem gewohnten Tempo liegt.

Unser aktuelles Ziel ist es also nicht, einen unbekannten Text in der Geschwindigkeit sinnerfassend zu lesen, mit der Sie im dritten Durchgang Ihre *Führungshilfe* über die Zeilen bewegen mussten. Vielmehr ist die Geschwindigkeit des zweiten Durchgangs unsere Richtgröße. Der letzte Durchgang dient lediglich dazu, uns an unsere Grenzen und darüber hinaus zu bringen.

Eine maximale Lesegeschwindigkeit ist unser Ziel. Die 5-3-1-Übung mit bekanntem Text hilft Ihnen, Ihre Komfortzone zu verlassen und sich an ein höheres Tempo zu gewöhnen.

3.4 Tipp 4: Nehmen Sie Einsparungen vor

Ihr Nutzen, Ihre Vorgehensweise

Mit den ersten drei Schritten haben Sie sich bereits den Großteil der Grundlagen des Speed Readings angeeignet. Bei diesen ersten Schritten auf dem Weg zur Erhöhung Ihres Lesetempos handelt es sich um eher kleine Feinjustierungen an Ihrer Lesetechnik, die dennoch zu einer deutlichen Geschwindigkeitssteigerung führen. Der letzte größere Tipp an dieser Stelle verlangt eine etwas einschneidendere Veränderung Ihrer Lesegewohnheiten. Machen Sie dazu zunächst ein Experiment:

- Blättern Sie noch einmal zurück auf die Seite 45 und suchen Sie in der Mitte das kursiv gedruckte Wort Führungshilfe. Vielleicht ist ihnen dies beim ersten Durchlesen gar nicht aufgefallen.
- Decken Sie alle Wörter, die sich links und rechts daneben befinden, mit zwei Visitenkarten oder Ihren Daumen ab.
- Fixieren Sie das Wort Führungshilfe genau.
- Ziehen sie nun die beiden Abdeckungen nach und nach weiter auseinander, halten Sie dabei aber Ihren Blick weiterhin starr auf das Wort Führungshilfe gerichtet.
- Können Sie das jeweilige Wort erkennen, das unmittelbar links und rechts neben dem kursiv gedruckten steht?
- Ziehen Sie die Visitenkarten oder Finger langsam aber stetig weiter auseinander und überprüfen Sie, wie viele Buchstaben, Worte und Zentimeter Sie links und rechts wahrnehmen können ohne den Blick vom fixierten Wort zu lösen.

Mit diesem Sehspannentest haben Sie Ihr peripheres Sehvermögen festgestellt. Dieses liegt bei den meisten Lesern zu Beginn zwischen einem und zwei Zentimetern. Das bedeutet, während sie eine Textstelle fixieren, nehmen Sie links und rechts noch das ein oder andere Wort beziehungsweise den ein oder anderen Wortbestandteil wahr. Genau dieses periphere Sehvermögen ist es, das Sie von nun an nutzen werden:

So setzen Sie Finger oder Stift ab sofort nicht mehr ganz am Anfang einer Textzeile an, sondern je nach Sehspanne ein oder zwei Zentimeter eingerückt. Da wir unsere Augen von dieser Führungshilfe leiten lassen, fixieren auch diese das erste Stück der Zeile nicht. Verlassen Sie sich darauf, dass Sie das hier Geschriebene automatisch wahrnehmen. Ebenso führen Sie am Ende der Zeile Zeigehilfe und Augen nicht bis an den rechten Rand, sondern springen bereits zuvor an den Beginn der nächsten Zeile. Auch hier verlassen Sie sich darauf, das letzte Stück der Textzeile mithilfe Ihres peripheren Sehvermögens aufzunehmen. Die Pfeile in der folgenden Abbildung verdeutlichen sehr schön den Weg Ihrer Führungshilfe.

Erziehungsstilforschung

Das Ehepaar Tausch stellte fest, dass die Mehrzahl der Lehrkräfte autoritäres Verhalten negativ beurteilt. Trotzdem reagieren viele von ihnen unter Handlungsdruck autoritär. Vor allem in Situationen, in denen sie Gefahr laufen, die Kontrolle über eine Klasse zu verlieren (hoher Lärmpegel, Streitereien etc.), handeln Erzieher häufig anders, als sie handeln wollen oder als sie glauben zu handeln.

Die Einteilung der Erziehungsstile in Typologien entspricht nicht den Ausprägungsformen in der Wirklichkeit. Erziehungsstile sind gedankliche Modelle, so genannte „Konstrukte", die der Realität mehr oder weniger entsprechen.

Einzelne Merkmale werden herausgehoben und dadurch überbetont. Gleichzeitig werden mit einem Begriff wie „demokratisch" weitere Eigenschaften verknüpft. Dieses Vorgehen führt zwangsläufig zu Verzerrungen und Beurteilungsfehlern.

Jede Lehrkraft hat einen ihrer Art entsprechenden Erziehungsstil, der letztlich einmalig und unverwechselbar ist und der unter Umständen von Situation zu Situation und von Bezugsgruppe zu Bezugsgruppe variieren kann. Bisherige Erfahrungen und die augenblickliche Situation des Einzelnen bestimmen seine

Das Tolle an dieser Technik ist, dass das Sehfeld sich automatisch vergrößert, je mehr wir es nutzen. Das heißt, im Laufe der Zeit werden Sie links und rechts immer größere Einsparungen vornehmen können.

Aber bereits jetzt können Sie etwas tun, um Ihr peripheres Sehvermögen noch besser zu nutzen. Vergrößern Sie einfach den Abstand zu Ihrem Text. Allein eine aufrechte Sitzhaltung führt in vielen Fällen dazu, dass sich die Sehspanne links und rechts um einen zusätzlichen Zentimeter vergrößert.

Auch wenn sich ein oder zwei Zentimeter zunächst nach nicht wirklich großen Einsparungen anhören, ist der Nutzen enorm:

15 cm Zeilenlänge
1,5 cm Einsparung am Anfang jeder Zeile
1,5 cm Einsparung am Ende jeder Zeile
20 % Einsparpotenzial

Bei einem Buch mit 15 Zentimeter langen Zeilen entsprechen 1,5 Zentimeter am linken und rechten Rand Einsparungen im Umfang von 20 Prozent. So kommen bei einem Buch oder umfangreichen Fachtext schnell einige Stunden zusammen.

Bei einigen der von mir betreuten Teilnehmer war die Blickspanne links und rechts der Fixierung nicht gleich groß. Dies gilt es bei der Festlegung der Einsparungen an den Rändern zu berücksichtigen.

Schreiten Sie zur Tat

Diese vierte, bislang größte Veränderungen Ihrer Lesetechnik benötigt aller Voraussicht nach etwas mehr Übung als die bisherigen. Der Grund ist einfach: Auch wenn Sie sich bereits an den Umgang mit Ihrer Zeigehilfe gewöhnt haben und Ihre Augen wirklich nur dieser folgen, wird in den nächsten Minuten vermutlich das Folgende geschehen:

Sie werden die Spitze Ihrer Führungshilfe wie in der Abbildung dargestellt nur über einen Teil der Zeile führen. Das bereitet in der Regel keine Probleme. Es wird Ihnen vermutlich gelingen, Ihre Zeigehilfe etwa einen Zentimeter vor Zeilenende an den Anfang der nächsten zu bringen und dort ebenfalls den einen oder anderen Zentimeter einzusparen. Ihre Augen jedoch werden in den meisten Fällen aus Gewohnheit noch schnell das Zeilenende überfliegen und auch das eigentlich auszulassende Anfangsstück der neuen

Zeile streifen. Anschließend werden Sie – bewusst oder unbewusst – Ihre Augen zurück zur Spitze Ihres Bleistifts führen und diese erneut fixieren, so als wäre nichts gewesen. Gerade in der Anfangszeit ist es ganz normal, dass Sie Einsparungen zwar mit der Zeigehilfe vornehmen, die Augen jedoch trotzdem über die gesamte Zeilenlänge führen.

Es mag vielleicht nicht sehr erbaulich sein, Sie von vornherein auf mögliche Probleme hinzuweisen, doch nur so können Sie sich gleich dagegen wappnen. Dies ist der Grund, weshalb wir das Üben dieser Technik mit einer sehr geringen Geschwindigkeit beginnen werden.

- Blättern Sie zurück zu der Textstelle, die Sie bei der letzten 5-3-1-Übung mit gleichbleibendem *Text* bereits gelesen haben. Die Markierungen müssten sich ja noch finden lassen.
- Lesen Sie diese Textstelle erneut unter Einsatz Ihrer Zeigehilfe.
- Sparen Sie mit dieser an Anfang und Ende einer jeden Zeile einen und wirklich nur einen Zentimeter ein.
- Lesen Sie in gemütlichem Tempo und achten Sie darauf, die Spitze Ihrer Zeigehilfe dauerhaft mit den Augen zu fixieren.
- Achten Sie vor allem darauf, diese beim Übergang von einer Zeile zur nächsten nicht zu verlieren.

Lesen Sie die Textstelle in entspanntem Tempo.

Bei dieser, für Sie mittlerweile doch eher langsamen Geschwindigkeit müsste es eigentlich problemlos gelungen sein, sich an die vorgenommenen Einsparungen zu gewöhnen. Wichtig ist an dieser Stelle nicht Ihr Tempo, sondern dass Sie Einsparungen an Anfang und Ende der Zeile tatsächlich mit Zeigehilfe UND Augen vornehmen.

Lesen Sie an dieser Stelle noch für einige Minuten weiter und experimentieren Sie dabei mit der Größe der Einsparungen. Wie groß ist die maximale Spanne, die Sie an Anfang und Ende einer jeden Zeile einsparen können?

Lesen Sie noch für einige Minuten weiter und finden Sie die
maximale Größe Ihrer Einsparungen heraus.

An dieser Stelle sollten Ihnen zwei Dinge gelungen sein:
(1) Sie haben die ideale Größe Ihrer Einsparungen herausgefunden.
(2) Sie haben sich daran gewöhnt, Anfang und Ende jeder Zeile
mittels Ihres peripheren Sehvermögens wahrzunehmen.

Üben Sie im Folgenden noch etwas, um sich mit dieser Technik
weiter vertraut zu machen. Setzen Sie diese Technik regelmäßig bei
der Lektüre von Fachbüchern ein und führen Sie mehrfach die bereits bekannte 5-3-1-Übung durch:

• Wählen Sie in Ihrem Buch eine unbekannte Textstelle, und
  markieren Sie mit Bleistift den Anfang.
• Stellen Sie den Timer Ihres Mobiltelefons und lesen Sie für
  fünf Minuten, bevor Sie eine weitere Markierung setzen.
• Beschleunigen Sie Ihr Lesetempo im nächsten Durchgang
  und bemühen Sie sich, die Endmarkierung in drei Minuten
  zu erreichen.
• Verlassen Sie im dritten Durchgang Ihre Komfortzone und
  führen Sie Ihre Augen mit der Zeigehilfe in 60 Sekunden über
  den Text.
• Wenden Sie dabei von Anfang an alle vier bisher erlernten
  Tipps an. Achten Sie vor allem auf das korrekte Vornehmen
  von Einsparungen.

Reflexion und Zusammenfassung

Diese vierte und letzte Modifizierung Ihrer Lesetechnik ist ein ganz
entscheidender Schritt auf dem Weg zum Hochgeschwindigkeitsleser. Bemühen Sie sich, diese Technik kontinuierlich zu verfeinern
und Ihre Blickweite zu vergrößern. Einsparungen an den Rändern
bringen nicht nur Ihnen als Beginner große Fortschritte, sondern
verhelfen auch erfahrenen Profis zu unglaublichen Geschwindigkeiten.

So ist bei dieser Technik die Größe der Einsparungen der einzige Unterschied zwischen Ihnen und Profis wie dem Weltrekordhalter Sean Adams. Während Sie die Führungshilfe natürlich von links nach rechts über die Zeilen führen und lediglich einige wenige Millimeter oder Zentimeter darüber hinaus wahrnehmen, fährt er mit seiner Zeigehilfe in der Mitte der Textseite senkrecht nach unten. Seine Blickspanne erlaubt es ihm, links und rechts mehrere Zentimeter zusätzlich wahrzunehmen. Auf diese Weise liest er die gesamte Zeile, obwohl sein Blick lediglich die Zeilenmitte fixiert.

Auch Sie werden mit zunehmender Übung sehr schnell merken, wie Ihre Blickspanne weiter wird und Sie über die eigentliche Fixierung hinaus mehr und mehr Text wahrnehmen.

Vertrauen Sie Ihrem peripheren Sehvermögen und nehmen Sie Einsparungen an den Rändern vor, um Ihren Leseprozess zu beschleunigen.

3.5 Weitere Feinjustierungen an Ihrem Leseprozess

Nachdem Sie sich nun mit den ersten vier Tipps vertraut gemacht haben und die Grundlagen des Speed Readings beherrschen, gibt es noch einige Kleinigkeiten zu beachten, bevor wir mit den Basic, Superior und Meta Techniques und somit mit der hohen Kunst des Speed Readings beginnen.

Subvokalisieren

Ein zentrales, Ihre Lesegeschwindigkeit begrenzendes Problem ist das Mitsprechen des Gelesenen. Dies geschieht während der Phase des Lesen-Lernens in der Mehrzahl der Fälle hörbar, nach Abschluss dieser Phase zumeist innerlich.

Erinnern Sie sich zurück an Ihre Zeit in der Grundschule; erinnern Sie sich zurück an die Anfänge Ihrer Leseausbildung. Unabhängig davon, ob Ihnen das Lesen mittels aufbauender oder alternativer Methoden beigebracht wurde, werden Sie vermutlich drei Phasen durchlaufen haben:

(1) Zu Beginn des Lesenlernens wird Buchstabe um Buchstabe, Silbe um Silbe leise mitgesprochen, nur um im Anschluss daran innerlich zu einem Wort zusammengesetzt zu werden. Die Rede kann davon sein, dass der Schüler sich die einzelnen Wörter (halb-)laut vorliest, um sie akustisch wahrnehmen zu können und auf diesem Umweg den Sinn des Gelesenen zu erfassen.

(2) Daran schließt sich – zumeist gegen Ende des ersten Schuljahres – eine Phase an, in der Schüler scheinbar auf eben dieses Mitsprechen des Gelesenen verzichten. Für andere ist kein Laut zu vernehmen, während der Leselerner sich durch das Geschriebene kämpft. Dem aufmerksamen Beobachter jedoch fällt auf, dass auf das Mitsprechen eben nur scheinbar verzichtet wird: Die Lippen des Lesers bewegen sich und formen noch immer Silbe um Silbe, Wort um Wort. Er verzichtet lediglich darauf, diese für Außenstehende hörbar zu artikulieren.

(3) Die Worte verstummen, die Lippen halten inne – in dieser dritten Phase ist der Lesevorgang für Außenstehende weder akustisch noch visuell zu erfassen. Nichts weist darauf hin, dass gelesen wird. Der Schüler selbst jedoch lauscht noch immer dem Text, den ihm seine innere Stimme vorliest. Man spricht davon, dass der Leser *subvokalisiere*. Auch für Erwachsene ist es selbstverständlich, während des Lesens unbewusst und aus Gewohnheit dem inneren Vorleser zu lauschen.

Dies jedoch bedeutet, dass wir einen zeitaufwändigen Umweg in Kauf nehmen, da geschriebene Sprache zunächst in gesprochene Sprache übersetzt wird, bevor unser Gehirn Sinn und Inhalt wahrnimmt. Im Straßenverkehr käme kein Fußgänger auf die Idee, „Grün!", „Gehen!" oder „Los jetzt!" zu artikulieren, bevor er bei Umschalten der Ampel auf grün die Straße überquert. Warum auch? Wir wissen auch ohne Artikulation des Wortes *grün*, was uns diese Farbe der Ampel signalisiert. Führen Sie sich vor Augen, wie aufwändig, arbeitsintensiv und ineffizient Ihr Leseprozess noch immer ist:

- Ihre Augen sind damit beschäftigt, die geschriebenen Wörter zu erfassen.
- Ihr Mund ist damit beschäftigt, die erfassten Wörter hörbar oder unhörbar zu artikulieren.
- Ihre Ohren sind damit beschäftigt der hörbaren Stimme oder aber dem inneren Vorleser zu lauschen.
- Ihr Gehirn, das die Informationen verarbeiten und abspeichern sollte, ist damit beschäftigt, das Zusammenspiel von Augen, Mund und Ohren zu koordinieren.

Der erwachsene Leser vertraut nicht auf die eigene Fähigkeit, Gelesenes ohne diesen Umweg erfassen zu können. Verständlich ist dies insofern, als die Abkehr vom inneren Vorleser, das Überwinden des Subvokalisierens, den wichtigen Schritt 4 des Leselernprozesses darstellt, den bislang keine staatliche Schule in ihr Curriculum aufgenommen hat. Das bedeutet jedoch, dass 99 Prozent der Erwachsenen nie die Gelegenheit hatten, diesen Schritt zu gehen und die eigene Lesefertigkeit auf ein höheres Niveau zu heben. Sie wenden beim Lesen noch immer die Technik des Grundschülers an.

Die daraus resultierende Problematik wird deutlich, wenn wir uns Situationen vor Augen führen, in denen wir neue Ideen entwickeln und uns kreative Einfälle im Sekundentakt zuzufliegen scheinen, während wir nicht schnell genug damit nachkommen, diese zu artikulieren und unserem Umfeld mitzuteilen. Sowohl inneres als auch äußeres Artikulieren geht deutlich langsamer vonstatten, als das bloße Wahrnehmen der Ideen. Gleiches gilt für gelesene Wörter. Der Zwang, die Worte beim Lesen mitzusprechen, begrenzt die maximale Lesegeschwindigkeit folgelogisch auf das maximale Sprechtempo. Da dieses jedoch bei etwa 200 bis 250 Wörtern pro Minute liegt, hindert allein diese eine Angewohnheit Menschen daran, ihr Potenzial voll auszuschöpfen.

Denk- und Wahrnehmungsprozesse laufen um ein Vielfaches schneller ab, als inneres oder äußeres Artikulieren. Deshalb begrenzt Subvokalisieren die Geschwindigkeit, mit der Sie lesen können.

Dieses Problem versuchten Trainer vor allem in den 8oer Jahren des 20. Jahrhunderts zu lösen, indem sie ihren Studierenden empfahlen, innerlich das Alphabet aufzusagen. Auf diesem Weg sollten sie ihre innere Stimme bewusst ausschalten. Leistungsstarken Seminarteilnehmern wurde gar empfohlen, das Alphabet rückwärts aufzusagen, um somit die innere Stimme zu überlisten. Von dieser Methodik ist man mittlerweile wieder abgekommen, da sie das Textverständnis sehr stark stört.

Auch der krampfhafte Versuch, diese Gewohnheit in den Griff zu bekommen und abzustellen kann nicht zum Erfolg führen. Vielmehr verhält es sich dabei wie mit dem berühmten rosafarbenen Elefanten, an den man ein Leben lang keinen Gedanken verschwendet hatte: In dem Moment, in dem man aufgefordert wird, unter keinen Umständen an einen zu denken, erscheint er unweigerlich vor dem inneren Auge.

So wenig Sie Ihre innere Stimme bislang bewusst wahrgenommen und als störend empfunden haben, so sehr wird Ihnen diese auffallen, wird Ihr Lesetempo beeinträchtigen und Sie zur Verzweiflung treiben.

Von daher ein Tipp:

> Horchen Sie in sich hinein, werden Sie sich Ihrer inneren Stimme bewusst und erkennen Sie, dass sie Ihnen Grenzen setzt und der Erhöhung Ihrer Lesegeschwindigkeit im Wege steht.

Diese Bewusstmachung und eine automatische Erhöhung der Lesegeschwindigkeit durch Speed Reading, bringen in den meisten Fällen den inneren Vorleser im Laufe weniger Wochen nach und nach automatisch zum Verstummen.

Wortgruppen wahrnehmen

Bislang haben Sie Ihr peripheres Sehvermögen genutzt, um den Anfang und das Ende der Textzeilen einzusparen. Darüber hinaus bietet das periphere Sehvermögen einen weiteren Vorteil, den sie als Student oder Studentin und somit vermutlich geübter Leser wahrscheinlich bereits unbewusst nutzen:

Wie in der Abbildung zu erkennen, verläuft Lesen nicht kontinuierlich und gleichmäßig, sondern sprunghaft. Diese Sprünge fallen bei geübten und ungeübten Lesern unterschiedlich aus:

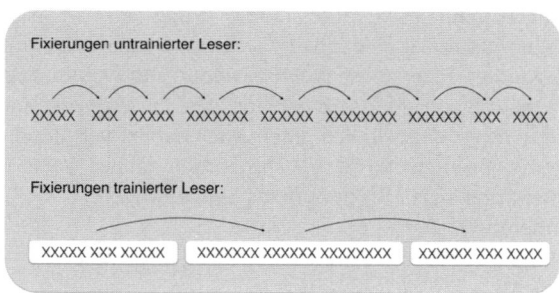

Schwache, ungeübte Leser springen von Wort zu Wort; geübte Leser hingegen von Wortgruppe zu Wortgruppe. Dies wird dadurch ermöglicht, dass starke Leser ihr peripheres Sehvermögen nutzen und mit jeder einzelnen Fixierung mehrere Wörter gleichzeitig wahrnehmen.

Was sie tun können, um Ihr peripheres Sehvermögen bestmöglich zu nutzen, ist den Abstand zwischen dem Text und Ihren Augen zu erhöhen. Unter anderem deshalb auch im Folgenden einige Ausführungen zu der richtigen Gestaltung Ihres Arbeitsplatzes und der Körperhaltung beim Lesen.

Über die Sitzhaltung hinaus können Sie noch eine weitere Kleinigkeit tun. Machen Sie aber zuvor ein kleines Experiment und lesen Sie den folgenden Text:

Luat der Sidtue eienr elgnhcsien Uvrsnäiett, ist es eagl in wcheler Rhnfgeeloie die Bstuchbaen in eniem Wrot snid. Das eniizg Whictgie ist, dsas der etrse und der lztete Bstuchbae am rtigeichn Paltz snid. Der Rset knan tatol deiuranchnedr sien und man knan es ienrmomch onhe Porbelm lseen. das legit daarn, dsas wir nhcit jeedn Bstuchbaen aeilln lseen, srednon das Wrot als Gzanes.

Unabhängig davon, ob es die Studie in diesem Text, der sich unzählige Male im Internet findet, tatsächlich gegeben hat oder nicht, ist er für uns sehr aussagekräftig. Vermutlich konnten Sie ihn lesen und verstehen, obwohl bei jedem Wort nur Anfangs- und Endbuchstabe an der richtigen Position standen. Innerhalb von Sekundenbruchteilen hat Ihr Auge das Wort erkannt. Dies liegt daran, dass Sie als geübter Leser diesem Wort wieder und wieder begegnet sind. Je mehr Sie lesen, desto leichter und schneller erkennen Sie einzelne Worte ohne wirklich jeden Buchstaben wahrgenommen zu haben. Dies erleichtert das Wahrnehmen ganzer Wortgruppen und unterstützt somit Ihr peripheres Sehvermögen.

In anderen Worten:

Mehr Lesen
= bessere Worterkennung
= leichteres Wahrnehmen von Wortgruppen
= **höheres Lesetempo**

Von daher die Empfehlung:

Übung macht den Meister – Lesen Sie mehr und häufiger, um schneller zu lesen.

Leseumgebung und -haltung

Unabhängig davon, ob Sie die einzelnen Techniken des Speed Readings anwenden oder nicht, hat Ihre Umgebung einen großen Einfluss auf Ihre Geschwindigkeit und Effizienz.

Sorgen Sie für passende Beleuchtung

Gemütliches Lesen bei Kerzenlicht und indirekter Beleuchtung mag mit dem passenden Roman für schöne, entspannende Stunden sorgen. Sachtexte hingegen, die Sie schnell lesen, gut verstehen und von denen Sie ein Maximum behalten möchten, erfordern etwas anderes.

Ausreichende Beleuchtung stellt sicher, dass Sie deutlich weniger ermüden, sich länger auf das Gelesene konzentrieren können und Ihre Augen die Kontraste der Buchstaben leichter erkennen.

Achten Sie darauf, den Text von vorne zu beleuchten so dass weder Ihr Körper noch Ihre Hand einen Schatten auf das Papier werfen. Diese irritieren. Im Idealfall hat Ihre Umgebung bereits generell eine hohe Grundhelligkeit und der Text wird zusätzlich durch eine Schreibtischlampe beleuchtet.

Wählen Sie einen geeigneten Arbeitsplatz

Auch Couch oder Bett eignen sich nicht wirklich, um wichtige Texte für Ihr Studium zu lesen. Nutzen Sie einen Schreibtisch, an dem Sie bequem sitzen können und an dem kein Chaos Ihr konzentriertes Arbeiten behindert. Sollten Sie, wie viele Studierende, unter eher beengten Verhältnissen leben, so tut es natürlich auch ein Küchen- oder Esstisch. Wichtig ist nur, dass Sie sich wohlfühlen und er Ihnen bequemes Arbeiten ermöglicht. Achten Sie darauf, dass Ihr Stuhl weder zu hoch noch zu niedrig, weder zu wackelig noch zu unbequem ist.

Setzen Sie sich aufrecht an Ihren Arbeitsplatz und erhöhen Sie so den Abstand zwischen Ihren Augen und dem Text. Dies gibt Ihnen den Überblick und unterstützt, wie bereits ausgeführt, Ihr peripheres Sehvermögen. Wenn Sie dazu neigen, besonders dicht über dem Text zu „hängen" fällt es Ihren Augen schwer sich im Text zu orientieren.

Im Idealfall legen Sie etwas unter Ihr Buch und stellen es dadurch leicht schräg, so dass Ihr Blick im rechten Winkel auf den Text trifft.

Minimieren Sie Ablenkungen und setzen Sie Pausen

Vermeiden Sie von vornherein möglichst alle Ablenkungen. Gerade wenn Sie unter Zeitdruck besonders anspruchsvolle Texte lesen, ist es sinnvoll Ablenkungen und Unterbrechungen zu minimieren. Schalten Sie Ihr Smartphone in den Flugzeugmodus, stellen Sie die Türklingel ab und schließen Sie Ihre Zimmertür, auf dass kein Mitbewohner hereinplatze.

Arbeiten Sie auf diese Art und Weise weitgehend abgeschottet von der Außenwelt und hochkonzentriert für etwa 40 bis 60 Minuten, bevor Sie Ihren Augen und Ihrem Gehirn eine kurze Verschnaufpause gönnen. Wie lange konzentriertes Lesen möglich ist, ist individuell verschieden und muss von Ihnen selbst herausgefunden werden. Zwar entlastet die Führungshilfe des Hochgeschwindigkeitslesers seine Augenmuskulatur enorm, doch benötigt auch er von Zeit zu Zeit eine kurze Pause, um anschließend mit besonders hoher Geschwindigkeit weiterlesen zu können.

Lesen mit Strategie

Sobald Sie einen Text nicht zum Vergnügen, sondern zum Wissenserwerb lesen, sollten Sie nicht ohne durchdachte Lesestrategie an diesen herangehen. Verschaffen Sie sich zumindest einen ersten Überblick und legen Sie Ihr Leseziel sowie den Nutzen fest, den Sie sich vom Text erhoffen. Zwei sehr effiziente Lesestrategien, die sich besonders gut mit dem Speed Reading verknüpfen lassen, finden Sie in Kapitel 9 beschrieben.

Trainieren Sie mit der 1-3-5-Übung

Die 5-3-1-Übung haben Sie bereits kennen gelernt. Im Folgenden möchte ich Ihnen eine weitere Variante vorstellen, mit der sich sowohl die Grundlagentechniken als auch die noch folgenden, komplexeren Speed Reading Techniken ideal trainieren lassen:

Sie erinnern sich an die atemberaubende Geschwindigkeit, mit der Ihre Augen in der letzten Minute der klassischen 5-3-1-Übung über die Zeilen geflogen sind? Genau dieses Tempo sollen Sie nun erneut abrufen. Dieses Mal jedoch an einem unbekannten Text. Gehen Sie dazu folgendermaßen vor:

- Betrachten Sie nochmals die Textstelle, die Sie bei der klassischen 5-3-1-Übung gelesen haben.
- Markieren Sie in Ihrem Buch eine ähnlich umfangreiche Textstelle, die Ihnen noch unbekannt ist. Setzen Sie dabei Ihre Anfangsmarkierung an den Beginn eines Kapitels oder Abschnitts und markieren Sie mit Bleistift auch das Ende.
- Stellen Sie nun Ihren Timer auf 60 Sekunden und jagen Sie Augen und Führungshilfe über die Zeilen.
- Setzen Sie dabei alle vier Grundlagentechniken ein.
- Geben Sie Ihr Bestes, um innerhalb einer Minute die Endmarkierung zu erreichen.

„Lesen" Sie 60 Sekunden mit maximalem Tempo und erreichen Sie nach Möglichkeit die Endmarkierung.

Halten Sie nun etwas inne und verschnaufen Sie eine Minute. Wie ist es Ihnen ergangen? Nach Lesen hat sich dies vermutlich nicht wirklich angefühlt – eher nach Durchblättern. Deshalb das Wort *Lesen* in Anführungszeichen bei der Arbeitsanweisung. Versuchen Sie dennoch, den Inhalt kurz zu rekapitulieren:

- Konnten Sie die Hauptidee erfassen?
- Erinnern Sie sich an einzelne Aspekte?
- Haben Sie einzelne Stichworte behalten?

Wenn Sie zu diesem Zeitpunkt bereits eine grobe Vorstellung vom Text haben, ist dies für einen Anfänger sehr gut. Halten Sie diese doch in einigen Stichpunkten schriftlich fest. Nutzen Sie dabei ein leeres Din-A4-Papier und arbeiten Sie sehr großflächig; beispielsweise in Form einer Mindmap. Wir wollen nach und nach ergänzen.

Lesen Sie die Textstelle erneut. Für den zweiten Durchgang stellen Sie Ihren Timer aber auf drei Minuten und lassen sich so etwas mehr Zeit. Versuchen Sie so schnell zu lesen, dass Sie ziemlich genau bis zur gesetzten Endmarkierung kommen. Setzen Sie dabei alle vier erlernten Grundlagentechniken ein. Mit Sicherheit verstehen Sie dieses Mal deutlich mehr als beim ersten Lesen. Die meisten unserer Seminarteilnehmer erleben bei diesem zweiten Durchgang eine Art Déjà-vu: Selbst Details, die Sie nicht notiert haben, kommen Ihnen bekannt vor. Unterbewusst wurden diese schon beim ersten Mal wahrgenommen.

Lesen Sie dieselbe Textstelle in drei Minuten und ergänzen Sie anschließend Ihre Aufzeichnungen.

Im dritten Durchgang lesen Sie diese Textstelle unter Einbezug aller Grundlagentechniken in fünf Minuten. Seien Sie nicht überrascht, aber bei diesem bisher für Sie eigentlich „normalen" Lesetempo werden Sie sich geradezu langweilen. Es wird Ihnen unglaublich langsam vorkommen. Können Sie noch immer relevante Details entdecken oder haben Sie bereits alles Wichtige wahrgenommen?

Lesen Sie dieselbe Textstelle in fünf Minuten. Entdecken Sie noch immer unbekannte Details?

Üben mit dem Metronom

Bei den beiden Übungen, die Sie bislang kennen gelernt haben, handelt es sich um klassische Übungen, mit denen sich die Grundlagentechniken, aber auch alle weiteren Techniken des Speed Readings trainieren lassen. Neben diesen Übungen bietet sich außerdem der Einsatz eines Metronoms an, um Ihr Lesetempo sukzessive zu erhöhen.

Ein Taktgeber, ein Metronom, wird Ihnen in Verbindung mit diesem Buch gute Dienste auf dem Weg zum Hochgeschwindigkeitsleser leisten. Glücklicherweise sind die Zeiten vorbei, in denen man ein solches Gerät für teures Geld in einem Geschäft für Musiker kaufen musste. Kostenlos oder für einige wenige Cents finden Sie im Internet eine entsprechende App für wirklich jedes Smartphone oder Computersystem; beispielsweise die folgenden:

- *Metronome* für iPhone, iPad und Mac
- *Mobile Metronome* für Android
- *Metronome Beats* für Android
- *Metronome Pro* für Windows

Gut eignet sich auch die Internetseite www.metronomeonline.de, mit der Sie Ihr Notebook als Taktgeber verwenden können.

Nutzen Sie eine der angegebenen Apps, laden Sie diese auf Ihr Smartphone und üben Sie folgendermaßen:

* Wählen Sie in Ihrem Fachbuch eine beliebige Textstelle und ermitteln Sie die ungefähre Anzahl der Wörter pro Zeile. Addieren Sie dazu einfach die Wörter der ersten fünf Zeilen und dividieren Sie diese durch fünf.
* Dividieren Sie Ihre Lesegeschwindigkeit im Ausgangstest durch die durchschnittliche Wortanzahl pro Zeile.

Lesegeschwindigkeit im Ausgangstest: 335 w/min
Anzahl der Wörter pro Zeile: 12

$$335 : 12 \approx 28$$

* Auf diese Weise ermitteln Sie die Anzahl der Schläge pro Minute, die Sie an Ihrem Taktgeber einstellen. In unserem Rechenbeispiel würde das Metronom 28 Mal pro Minute schlagen.
* Beginnen Sie nun zu lesen und passen Sie Ihre Geschwindigkeit so an, dass Sie bei jedem Signal Ihres Taktgebers mit Führungshilfe und Augen in eine neue Zeile springen. So lesen Sie automatisch in Ihrem Ausgangstempo.
* Lesen Sie unter Einbezug aller Grundlagentechniken auf diese Art und Weise für einige Minuten, bis Sie sich daran gewöhnt haben, bei wirklich jedem Signal am Ende einer Zeile angelangt zu sein und eine Zeile tiefer zu rutschen.
* Ist Ihnen dies gelungen, lassen Sie den Taktgeber pro Minute fünf Signale zusätzlich geben; in unserem Beispiel würden Sie auf 33 Schläge pro Minute erhöhen.
* Lesen Sie weiter und passen Sie Ihre Geschwindigkeit dem neuen Takt an.
* Wiederholen Sie diese Steigerung um fünf Signale pro Minute so lange, bis Sie Ihre Ausgangsgeschwindigkeit verdoppelt haben. Üben Sie auf jeder Stufe so lange, bis Sie synchron zum Metronom in die nächste Zeile springen.

Planen Sie inklusive kleinerer Pausen mindestens 30 Minuten ein und üben Sie wie beschrieben.

Wie ist es Ihnen eben ergangen? Konnten Sie sich darauf einlassen, Ihr Lesetempo „fremdbestimmen" zu lassen und nach und nach zu verdoppeln? Von dieser Übung profitieren Sie in vielfältiger Art und Weise:

- Sie gewöhnen sich daran, in einem bestimmten Rhythmus zu lesen.
- Es fällt Ihnen leichter, mit konstanter Geschwindigkeit zu lesen.
- Sie können es kaum vermeiden, Augen und Zeigehilfe synchron zu bewegen.

Über all diesen Vorteilen steht das wichtigste Ziel dieser Übung:

Sie gewöhnen sich daran, in sehr hohem Tempo zu lesen; Sie konditionieren sich geradezu darauf, Zeigehilfe und Augen in zuvor unvorstellbarem Tempo über die Zeilen fliegen zu lassen.

Auch an dieser Stelle gilt wie bei der 5-3-1-Übung, dass das Textverständnis ab einem gewissen Moment in den Hintergrund tritt. Dadurch, dass Sie bereits die eine oder andere Speed-Reading-Technik geübt haben und anwenden, wird Ihnen Ihre Ausgangsgeschwindigkeit zunächst sehr langsam vorkommen. Bei den ersten Steigerungen werden Sie sich vermutlich sehr wohl fühlen und den Inhalt gut wahrnehmen. Bei den Steigerungen hingegen, die Sie näher und näher an eine Verdoppelung der Ausgangsgeschwindigkeit heranbringen, werden Sie aller Voraussicht nach kaum mehr als einzelne Bruchstücke wahrnehmen. Gewöhnen Sie sich dennoch an den schnellen Zeilenwechsel und die hohe Geschwindigkeit – verlassen Sie Ihre persönliche Komfortzone!

Wenn Sie nach dieser Übung Ihre Lesegeschwindigkeit wieder etwas drosseln, werden Sie auch anspruchsvolle Texte gut verstehen, obwohl Ihr Tempo deutlich über Ihrer Ausgangsgeschwindigkeit liegt.

4 Zwischentest

Zeit für einen Zwischentest! An dieser Stelle wollen wir überprüfen, in welchem Ausmaß die bisher erlernten Grundlagen bereits Ihre Lesegeschwindigkeit positiv beeinflussen. Arbeiten Sie dazu auf die gleiche Art und Weise, wie Sie es bereits vom Eingangstest her gewohnt sind, auch den folgenden Zwischentest durch.

- Lesen Sie den auf der nächsten Seite beginnenden Text *Helmut Kohl – Kanzler der zweiten deutschen Einheit*.
- Sorgen Sie für eine angenehme, ablenkungsarme Leseumgebung und setzen Sie die erlernten Grundlagen um:

  - Verwenden Sie eine Zeigehilfe.
  - Vermeiden Sie Rücksprünge und Regressionen.
  - Halten Sie Ihre Geschwindigkeit hoch.
  - Nehmen Sie Einsparungen an den Rändern vor.
  - Tragen Sie auch hier am Ende des Texts Ihre Zeit in Minuten und Sekunden in den dafür vorgesehenen Kasten ein.

Text
Helmut Kohl – Kanzler der zweiten deutschen Einheit

Wie kaum ein anderer Kanzler vor ihm ist Helmut Kohl, der 1930 als drittes Kind eines kleinen Beamten geboren wurde, lange Zeit unterschätzt worden. Geboren in Ludwigshafen wuchs er gemeinsam mit seiner Schwester Hildegard in einer stark konservativ-katholisch geprägten Familie auf. Seinen älteren Bruder verlor er gegen Ende des Zweiten Weltkrieges während eines Luftangriffs der Alliierten. Dies traf ihn insofern sehr, als er stets zu ihm aufgesehen und ihn als Vorbild betrachtet hatte. Gegen Ende des Krieges wurde Helmut Kohl mit 14 Jahren zum Dienst in einem Feuerlöschtrupp verpflichtet, erhielt jedoch schon kurze Zeit später eine vormilitärische Ausbildung als Flakhelfer. Zu einem Kampfeinsatz jedoch kam es nicht mehr. In der Nachkriegszeit begann er zunächst eine landwirtschaftliche Lehre, bevor sich ihm die Möglichkeit eröffnete, doch noch das Abitur zu machen. Im Anschluss daran studierte er Jura und Geschichte in Frankfurt am Main und in Heidelberg, wo er auch seine Doktorarbeit zur politischen Entwicklung in der Pfalz und dem Wiedererstehen der Parteien nach 1945 schrieb.

Das Unterschätzen des Parteipolitikers Helmut Kohl ist im Nachhinein umso überraschender, als er, der er zum Urgestein der CDU in Rheinland-Pfalz gehört, schon früh eine erstaunliche politische Karriere gemacht hatte. Mit 25 Jahren war er nach seinem Aufstieg in der Jungen Union Mitglied des Landesvorstands seiner Partei, mit 33 Fraktionsvorsitzender im Landtag in Mainz, mit 36 Mitglied des Bundesvorstandes und mit 39 schließlich Ministerpräsident des Landes Rheinland-Pfalz geworden. In seiner Funktion als Landesvater trug er unter anderem die Verantwortung für die Gründung der Universität Trier-Kaiserslautern, den Strukturwandel des zunächst ländlich geprägten Bundeslandes und die Einführung der konfessionslosen Gemeinschaftsschulen.

1973, nach dem gescheiterten Misstrauensvotum und der großen Wahlniederlage vom November 1972 löst er den bisherigen Bundesvorsitzenden, Rainer Barzel, ab. Dieser übernahm die Verantwortung für das zweite gescheiterte Misstrauensvotum gegen Bundeskanzler Helmut Schmidt und gab den Parteivorsitz freiwillig ab. In den Jahren bis zur Bundestagswahl 1976 gelang es Helmut Kohl, die Anhänger der Partei und neue Wählerschichten zu mobilisieren. Mit 48,6 % der Stimmen erzielte die CDU ein für sie grandioses Ergebnis und verfehlte die absolute Mehrheit nur knapp. Helmut Kohl übernahm die Rolle des Oppositionsführers im Deutschen Bundestag.

Trotz dieses Erfolges blieb er umstritten; insbesondere Karikaturisten und Satiriker zogen mit Vorliebe über den provinziell wirkenden Vorsitzenden der CDU und dessen Körperfülle her. Inwieweit dies der politischen Ausrichtung der kreativen Köpfe geschuldet war, kann lediglich vermutet werden. In Erinnerung bleiben wird Zeitgenossen vor allem die satirische Darstellung des Politikers in der Zeitschrift Titanic, die den Kopf Kohls birnenförmig inklusive Stängel karikierte. Fortan blieb „Birne" karikaturistisches Symbol und Schmähwort für Helmut Kohl. Des Weiteren wurden seine für die damalige Zeit als mangelhaft geltenden Fremdsprachenkenntnisse oftmals parodiert. Vor allem seine Versuche, sich der englischen Sprache zu bedienen lieferten Imitatoren ebenso Steilvorlagen wie ein starker Pfälzer Dialekt und seine offensichtlichen Versuche, diesen abzulegen.

Aber auch innerhalb der Partei gab es Kritiker und Stimmen, die ihm einen Erfolg bei den nächsten Wahlen nicht zutrauten. Nach langen Querelen, die seitens der Kontrahenten auch in der Öffentlichkeit ausgetragen wurden, überließ er dann auch dem Vorsitzenden der Schwesterpartei CSU, Franz-Josef Strauß, die Kanzlerkandidatur. Diesen unterstützte er im Wahlkampf mit großem persönlichem Engagement und zeigte somit seine Loyalität gegenüber der Union und seine Solidarität gegenüber der Schwesterpartei CSU. Dieses Verhalten erwies sich im Nachhinein als kluger Schachzug: Als Franz-Josef Strauß bei den Bundestagswahlen 1980 wegen seines autoritären Auftretens und seines rückwärts gerichtet erscheinenden Programms scheiterte, war dieser als innerparteilicher Kontrahent um das Amt des Bundeskanzlers ausgeschaltet. Kohl jedoch blieb zunächst – mangels Alternative – weiterhin Führer der Opposition. In dieser Funktion gelang es ihm, die unübersehbaren Schwächen der regierenden sozialliberalen Koalition auszunutzen und durch Gespräche mit dem Vorsitzenden der FDP, Hans-Dietrich Genscher, geschickt den Machtwechsel im Herbst 1982 herbeizuführen. Nach einem erfolgreichen Misstrauensvotum wurde Kohl Nachfolger von SPD-Bundeskanzler Helmut Schmidt. Bei den vorgezogenen Neuwahlen vom Frühjahr 1983 bestätigten die Wähler die neue Koalition mit großer Mehrheit. Dies ist insofern wichtiger Verdienst Kohls, als dieser sich pragmatisch und anders als Strauß nahe der bürgerlichen Mitte positionierte und so für weite Teile der Bevölkerung wählbar war.

Helmut Kohl trat insgesamt sechsmal für die CDU als Kanzlerkandidat bei Wahlen an und erzielte beispielsweise das zweitbeste Ergebnis der Unionsparteien in der Geschichte der Bundesrepublik Deutschland. Dabei trat er gegen Hans-Jochen Vogel, den Münchener Oberbürgermeister, an.

Außenpolitisch knüpfte Kohl in vielerlei Hinsicht an die Politik seines Vorgängers an. Gegen massive Widerstände in der Öffentlichkeit und der SPD sowie gegen die zunehmend erstarkende Friedensbewegung setzte er den noch von seinem Vorgänger Helmut Schmidt vorbereiteten NATO Doppelbeschluss um. Gegenüber der DDR folgte er dem eingeschlagenen Kurs der Entspannung. In der Europapolitik arbeitete er insbesondere mit Frankreich zusammen, um die politische Einigung voranzutreiben.

Im Inneren verfolgte Kohl eine oft belächelte Politik der „geistigmoralischen Wende" und der wirtschaftlichen Konsolidierung durch Reformen, die den Bürger wieder stärker in die Pflicht nahmen. Auch wenn er die Wahlen 1987 erneut gewann, war er innerparteilich umstritten. Mehrere Niederlagen bei Landtagswahlen führten im Sommer 1989 sogar fast zu seinem Sturz, aber seine innerparteilichen Gegner zögerten, ihm auf dem Bremer Parteitag tatsächlich die Gefolgschaft zu verweigern. Die dramatische Entwicklung in der DDR drängte ihn schließlich in die

Rolle des „Kanzlers der Einheit". Kohl hatte auf diese Entwicklungen umsichtig reagiert, bemüht, den Prozess der Entspannung nicht zu gefährden. Sein Gespräch mit dem ungarischen Ministerpräsidenten trug dazu bei, dass Ungarn seine Grenzen öffnete und die dort weilenden DDR-Bürger frei ausreisen konnten.

Als am 9. November 1989 endlich die Berliner Mauer fiel, war dies für Kohl, der zu dieser Zeit in Warschau weilte, eine Bestätigung seiner Politik. Ohne Absprache mit den westlichen Bündnispartnern wie auch dem eigenen Koalitionspartner legte er im November einen Zehn-Punkte-Plan zur Überwindung der Teilung Deutschlands und Europas vor, der jedoch schon bald von der Realität überholt wurde. Der Dynamik der Entwicklung Rechnung tragend, trieb er die Einigung Deutschlands im Frühjahr 1990 voran. Am 3. Oktober 1990 wurde sie vollzogen. Diese Vereinigung wäre ohne seine Zähigkeit, aber auch ohne das notwendige Fingerspitzengefühl nicht zustande gekommen. Im Gegensatz zur Führung der SPD verstand er es sogleich, den Bürgern der ehemaligen DDR das Gefühl zu vermitteln, dass sie willkommen seien

1994 konnte Kohl die Wahlen zum Bundestag noch einmal knapp gewinnen, 1998 verlor er jedoch mit einem unerwartet schlechten Ergebnis. Allein in der Außen-, vor allem der Europapolitik feierte er zwischenzeitlich noch Erfolge, beispielsweise mit der Einführung des Euro. In der Innenpolitik war hingegen Stagnation das Kennzeichen seiner letzten Jahre als Kanzler. Hinzu kamen die Probleme, das Versprechen einzulösen, im Osten „blühende Landschaften" zu schaffen. Trotz der Parteispendenaffäre, die seinem Ruf erheblich schadete, wird er als Kanzler der Einheit in die Geschichte eingehen.

Im Privaten galt Helmut Kohl als grundsolide. So heiratete er bereits 1960 die Fremdsprachensekretärin Hannelore Renner, mit der er bis zu deren Freitod infolge einer schmerzhaften Lichtallergie 2001 verheiratet blieb. Aus dieser Ehe gingen die zwei Söhne Walter und Peter Kohl hervor. Die bodenständige Familie verbrachte ihren Sommerurlaub traditionell in Österreich in immer dem-

selben Haus am Wolfgangsee. 2008 heiratete Helmut Kohl unter
Ausschluss der Öffentlichkeit seine zweite Frau Maike Richter.

(Text leicht verändert nach Epkenhans: Geschichte Deutschlands, 150f)

Benötigte Zeit Zwischentest

_____ min   _____ s

Berechnen Sie auch Ihre Lesegeschwindigkeit in Wörter pro Minute:

Berechnung Lesegeschwindigkeit Zwischentest:

1 166 w : _____ min = _____ WpM

Denken Sie dabei daran:

3 min 00 s $\triangleq$ 3,00 min	4 min 10 s $\triangleq$ 4,17 min	5 min 20 s $\triangleq$ 5,33 min
3 min 30 s $\triangleq$ 3,50 min	4 min 40 s $\triangleq$ 4,67 min	5 min 50 s $\triangleq$ 5,83 min

Multiple Choice Fragen

Wenden Sie sich nun den folgenden Multiple-Choice-Fragen zu.
Bitte raten Sie nicht und lesen Sie nicht erneut im Text nach.

(1)   Wo wurde Helmut Kohl geboren?
      (a) Ludwigshafen   ❑
      (b) Berlin   ❑
      (c) Frankfurt am Main   ❑

(2)   Zu welcher Tätigkeit wurde er Ende des Zweiten Weltkriegs
      verpflichtet?
      (a) Kranke transportieren   ❑
      (b) Munition produzieren   ❑
      (c) Feuer löschen   ❑

(3)   Wofür trug er als Ministerpräsident in Rheinland-Pfalz Ver-
      antwortung?
      (a) Einführung der Gesamtschulen, Abschaffung des
          dreigliedrigen Schulsystems und Industrialisierung
          der Pfalz   ❑
      (b) Gründung der Universität Trier-Kaiserslautern,
          Strukturwandel der ländlich geprägten Pfalz und
          Einführung der konfessionslosen Gemeinschafts-
          schulen   ❑
      (c) Stationierung US-amerikanischer Truppen,
          Schuldenabbau und Verbeamtung von
          Lehrkräften   ❑

(4)   Wen löste Kohl an der Spitze der CDU als Bundesvorsitzen-
      der ab?
      (a) Ludwig Erhard   ❑
      (b) Helmut Schmidt   ❑
      (c) Rainer Barzel   ❑

(5)   Die 48,6 % bei den Bundestagswahlen 1976 waren für die
      Unionsparteien...
      (a) ...ein desaströses Ergebnis.   ❑
      (b) ...das gleiche Ergebnis wie vier Jahre zuvor.   ❑
      (c) ...ein grandioses Ergebnis.   ❑

(6)   Weswegen wurde Helmut Kohl von Satirikern, Karikaturisten
      und Imitatoren verspottet?
      (a) mangelnde Fremdsprachenkenntnisse, schlechte
          Schulbildung und Naivität   ❑
      (b) Provinzialismus, Körperfülle, Dialekt und
          mangelnde Fremdsprachkenntnisse   ❑
      (c) Übergewicht, Haarausfall und uneheliche Herkunft ❑

(7)   Woran scheiterte Franz-Josef Strauß bei der Bundestags-
      wahl?
      (a) an autoritärem Auftreten und rückwärts gerichtetem
           Programm   ❏
      (b) an NS-Vergangenheit und bayerischer Herkunft   ❏
      (c) an seiner Zeit im Widerstand gegen den
           Nationalsozialismus und einer Liebesaffäre   ❏

(8)   Wen löste Helmut Kohl mittels eines Misstrauensvotums im
      Amt des Bundeskanzlers ab?
      (a) Willy Brandt   ❏
      (b) Helmut Schmidt   ❏
      (c) Konrad Adenauer   ❏

(9)   Gegen den Bürgermeister welcher Stadt erzielte Kohl das
      zweitbeste Ergebnis der Unionsparteien bei einer Bundes-
      tagswahl?
      (a) München   ❏
      (b) Berlin   ❏
      (c) Hamburg   ❏

(10) In welchen Bereichen führte Kohl den Kurs seines Vorgängers
      im Kanzleramt weiter?
      (a) Abrüstung, Friedenspolitik und
           Reparationszahlungen für Osteuropa   ❏
      (b) Nato-Mitgliedschaft Deutschlands, Infiltrierung
           der DDR und Entspannung gegenüber UDSSR   ❏
      (c) NATO Doppelbeschluss, Entspannung gegenüber
           der DDR und Einigung Europas   ❏

(11) Wodurch wollte Kohl eine wirtschaftliche Konsolidierung er-
      reichen?
      (a) durch betriebliches Für-das-Alter-Vorsorgen   ❏
      (b) durch stärkere Polizeipräsenz auf den Straßen   ❏
      (c) durch stärkeres In-die-Pflicht-nehmen der Bürger   ❏

(12) Was führte zur innerparteilichen Kritik an Kohl gegen Ende der 80er Jahre?
    (a) eine private Liebesaffäre ❑
    (b) mehrere Niederlagen bei Landtagswahlen ❑
    (c) Geheimnisverrat gegenüber dem
        Koalitionspartner FDP ❑

(13) Wo hielt Helmut Kohl sich auf, als die Berliner Mauer fiel?
    (a) Warschau ❑
    (b) Moskau ❑
    (c) Berlin ❑

(14) Wen kontaktierte Helmut Kohl nicht, als er den Zehn-Punkte-Plan zur Wiedervereinigung aufstellte?
    (a) UdSSR und USA ❑
    (b) Koalitionspartner und westliche Bündnispartner ❑
    (c) Alliierte und Bundestag ❑

(15) Was gelang Kohl im Rahmen der Wiedervereinigung besser als der SPD?
    (a) Er gab den DDR-Bürgern das Gefühl, willkommen
        zu sein. ❑
    (b) Er nahm die BRD-Bürger in die Pflicht, die
        Ostdeutschen offen zu empfangen. ❑
    (c) Er entkräftete Einwände von russischer Seite. ❑

(16) Welche außenpolitischen Erfolge hatte Kohl gegen Ende seiner Amtszeit zu verzeichnen?
    (a) Zusammenbruch Warschauer Pakt ❑
    (b) Euroeinführung ❑
    (c) NATO-Mitgliedschaft Deutschlands ❑

(17) Wodurch waren die letzten Jahre von Kohls Kanzlerzeit innenpolitisch geprägt?
    (a) Industrialisierung ❑
    (b) Stagnation ❑
    (c) Entpolitisierung ❑

(18) Was schadete Helmut Kohls Ruf gegen Ende seiner Amtszeit?
      (a) Liebesaffäre   ❑
      (b) Parteispendenaffäre   ❑
      (c) Spionageaffäre   ❑

(19) Welche Erkrankung trieb Kohls erste Ehefrau in den Freitod?
      (a) Krebserkrankung   ❑
      (b) Multiple Sklerose   ❑
      (c) Lichtallergie   ❑

(20) Wo verbrachte Kohl mit seiner Familie den Sommerurlaub?
      (a) Österreich   ❑
      (b) Italien   ❑
      (c) Bayern   ❑

Musterlösungen

Vergleichen Sie nun erneut Ihre Antworten mit der Musterlösung
und tragen Sie die Anzahl Ihrer richtigen Antworten ein.

(1)	a	(5)	c	(9)	a	(13)	a	(17)	b
(2)	c	(6)	b	(10)	c	(14)	b	(18)	b
(3)	b	(7)	a	(11)	c	(15)	a	(19)	c
(4)	c	(8)	b	(12)	b	(16)	b	(20)	a

Berechnung Textverständnis Ausgangstest:

_____ von 20 entspricht _____ %

Tragen Sie die beiden so gewonnenen Werte in Ihre Fortschrittstabelle auf Seite 143 ein und vergleichen Sie diese mit Ihren Ausgangswerten. Haben Sie bereits nach dieser ersten Phase nennens-
werte Fortschritte gemacht?

In der Regel gelingt dem Gros der Teilnehmer bereits zu diesem Zeitpunkt eine signifikante Steigerung der Lesegeschwindigkeit – in bereits angesprochenem Workshop um durchschnittlich 46 Prozent.

Allerdings lässt sich bei manchem Teilnehmer auch feststellen, dass gerade bei diesem ersten Zwischentest das Textverständnis deutlich schlechter ausfällt. So ist dies bei zwei Teilnehmern auf 30, bei einem Teilnehmer sogar auf 20 Prozent abgesunken.

Bitte ignorieren Sie an dieser Stelle ein Absinken Ihres Textverständnisses um 10 oder 20 Prozent. Zwei oder drei falsch beantwortete Fragen mehr sind nicht weiter wild und unter Umständen dem Zufall oder der Thematik des Textes geschuldet. Vielleicht ist dieser für Sie persönlich einfach anspruchsvoller gewesen als der dem Eingangstest zugrunde liegende oder es liegt an Ihrer Tagesform.

Lediglich ein Absinken Ihres Verständnisses um mehr als 20 Prozent oder auf insgesamt unter 50 Prozent sollte Sie aufhorchen lassen. In den meisten Fällen ist die Ursache recht eindeutig: Einige Teilnehmer wollten zu viel zu schnell. Sie haben ihre Augen bei diesem Test so schnell über die Zeilen gejagt, dass sie nach der kurzen Übungszeit den Inhalt gar nicht wahrnehmen konnten. Lassen Sie es doch etwas langsamer angehen und drosseln Sie Ihr Tempo etwas. Sie werden sehen – dieses wird dennoch deutlich über Ihrer Ausgangslesegeschwindigkeit liegen.

Außerdem: Die eine oder andere Übungsphase kann nicht schaden, bevor Sie weiter zu den *Basic Techniques* schreiten.

5 Basic Techniques – Beschleunigen Sie Ihren Leseprozess

Während es sich bei den im vorherigen Kapitel behandelten Grundlagen eher um allgemeine Techniken und Gewohnheiten handelt, die Ihren Leseprozess prinzipiell effizienter gestalten, sollen im Folgenden die beiden Basic Techniques des Speed Readings vermittelt werden.

Sowohl das Lesen im Rückwärtsgang als auch der Doppelte Zeilenschwung werden Ihre Lesegeschwindigkeit schon nach kurzer Zeit des Übens deutlich steigern. Darüber hinaus werden diese an späterer Stelle unterschiedlich miteinander kombiniert, so dass ihr sicheres Beherrschen zentrale Voraussetzung für das Erlernen der weiteren Speed-Reading-Techniken ist. Investieren Sie deshalb an dieser Stelle lieber etwas mehr Zeit in das Trainieren der Basic Techniques – Sie werden zu späterem Zeitpunkt davon profitieren!

Lesen Sie im Rückwärtsgang

Nutzen Sie den Doppelten Zeilenschwung

Zusammenfassung

5.1 Lesen Sie im Rückwärtsgang

Ihr Nutzen, Ihre Vorgehensweise

Die erste Basic Technique trägt den schönen Namen Lesen im Rückwärtsgang. Obwohl Autos nicht dafür bekannt sind, im Rückwärtsgang besonders schnell zu fahren, wird diese Rückwärtsgang-Technik Ihr Lesetempo auf die nächste Stufe heben. Kurz zusammengefasst bedeutet Lesen im Rückwärtsgang nicht anderes, als dass Sie jede zweite Zeile nicht von links nach rechts lesen, sondern genau umgekehrt. Vermutlich zweifeln Sie soeben an Ihrem Verstand (alternativ auch an meinem) und stellen sich zwei Fragen:

- Kann das funktionieren?
- Welchen Nutzen ziehe ich daraus?

Diese Fragen lassen sich ganz einfach beantworten:
Ja, das kann funktionieren – wäre dies nicht der Fall, würde ich sie weder an dieser Stelle noch in Seminarveranstaltungen vermitteln. Weltweit kommen Tausende von Studierenden mit dieser Standardtechnik des Speed Readings mehr als gut zurecht. Aber auch vom logischen Standpunkt aus lässt sich dies begründen. Semitische Schriften sind generell linksläufige Schriften. So wird Hebräisch wie auch Arabisch von rechts nach links gelesen. Es existiert kein plausibler Grund, weshalb dies nicht auch im Deutschen funktionieren sollte. Gerade bei wissenschaftlichen Texten sind die Sätze oftmals sowieso so lang und kompliziert, dass der Leser sich den Zusammenhang einzelner Elemente selbst konstruieren muss. Die Reihenfolge der Elemente im Satz spielt hierbei keine Rolle.

Der Nutzen des Lesens im Rückwärtsgang liegt – wie eigentlich in jeder Technik des Speed Readings – in der Zeitersparnis. Bisher führen Sie Ihre Augen am Ende einer Zeile zurück an den Anfang der nächsten, um dort weiterzulesen. Erfahrungen zeigen, dass diese Augenbewegung einer Lesepause von etwa einer Sekunde gleichkommt. Bei einem 200 Seiten dicken Buch mit 30 Zeilen pro Seite entspricht dies einem Einsparungspotenzial von mehr als eineinhalb Stunden.

200 Seiten
30 Zeilen pro Seite
1 s Lesepause bei Zeilenwechsel
> 90 min Einsparpotenzial

Lassen Sie diese Zeit nicht länger ungenutzt verstreichen. Nutzen Sie diesen Rückweg an den Zeilenanfang in Zukunft, um schon den Inhalt einer weiteren Zeile wahrzunehmen.

Nebenstehende Abbildung zeigt den Weg, den Ihre Führungshilfe beim Lesen im Rückwärtsgang beschreitet.

Erziehungsstilforschung

Das Ehepaar Tausch stellte fest, dass die Mehrzahl der Lehrkräfte
autoritäres Verhalten negativ beurteilt. Trotzdem reagieren viele
von ihnen unter Handlungsdruck autoritär. Vor allem in
Situationen, in denen sie Gefahr laufen, die Kontrolle über eine
Klasse zu verlieren (hoher Lärmpegel, Streitereien etc.), handeln
Erzieher häufig anders, als sie handeln wollen oder als sie glauben
zu handeln.
Die Einteilung der Erziehungsstile in Typologien entspricht nicht
den Ausprägungsformen in der Wirklichkeit. Erziehungsstile sind
gedankliche Modelle, so genannte „Konstrukte", die der Realität
mehr oder weniger entsprechen.
Einzelne Merkmale werden herausgehoben und dadurch überbetont. Gleichzeitig werden mit einem Begriff wie „demokratisch"
weitere Eigenschaften verknüpft. Dieses Vorgehen führt
zwangsläufig zu Verzerrungen und Beurteilungsfehlern.
Jede Lehrkraft hat einen ihrer Art entsprechenden Erziehungsstil,
der letztlich einmalig und unverwechselbar ist und der unter
Umständen von Situation zu Situation und von Bezugsgruppe zu
Bezugsgruppe variieren kann. Bisherige Erfahrungen und die
augenblickliche Situation des Einzelnen bestimmen seine

Die erste Zeile lesen Sie wie bisher auch: Sie setzen Ihre Lesehilfe ein oder zwei Zentimeter nach dem Anfang einer Zeile an und führen mit ihr die Augen fast bis ans Zeilenende. Denken Sie daran, links und rechts Ihre Einsparungen vorzunehmen. Dies ist ein Detail, das einige Anfänger gerne vergessen. Anders als bisher springen Sie nun nicht mehr nach vorne und fixieren mit Ihren Augen eine Stelle am Anfang der nächsten Zeile. Vielmehr rutschen Sie nur ein wenig nach unten und führen Ihre Augen von rechts nach links über die nächste Zeile. Bei dieser Technik gibt es einiges, das Sie beachten sollten, um maximal von ihr zu profitieren:

(1) Lesen Sie die erste Zeile eines jeden Absatzes immer von links nach rechts. Ein schönes Beispiel hierfür ist der zweite Absatz der Abbildung. Auch wenn erfahrene Speed Reader dies tun, sollten Sie darauf verzichten, das Lesen im Rückwärtsgang auch auf die erste Zeile eines Absatzes anzuwenden. Ihr Textverständnis wird Sie dafür belohnen.

(2) Halten Sie Ihre Geschwindigkeit hoch. Natürlich gilt dies für das Speed Reading generell, aber gerade bei dieser Technik ist ein hohes Tempo unumgänglich. Je schneller Sie lesen, desto geringer ist der Abstand zwischen der Wahrnehmung einzelner Wortgruppen. Das ist von Vorteil, da ein geringer Abstand es Ihrem Gehirn erleichtert, die aufgenommenen Informationen miteinander zu verbinden.

(3) Üben Sie zunächst an verkürzten Zeilen, wie Sie sie in Zeitschriften und Zeitungen finden. Solche Texte in Spaltenform sind zu Beginn besonders gut geeignet, da Sie bei diesen nur einige wenige Worte in ungewohnter Richtung lesen.

(4) Bei regulärer Zeilenlänge ist es zu Beginn absolut in Ordnung, wenn Ihr Lesetempo bei den Zeilen etwas absinkt, die Sie in umgekehrter Richtung lesen. Dies werden Sie mittelfristig automatisch abstellen.

(5) Führen Sie Ihre Augen weiterhin mittels der Zeigehilfe und denken Sie daran, auch noch Einsparungen an den Rändern vorzunehmen.

Schreiten Sie zur Tat

Berücksichtigen Sie die eben angeführten Ratschläge und üben Sie.

> Lesen Sie für mindestens zehn Minuten in einer beliebigen Zeitschrift. Lesen Sie in angenehmem Tempo und machen Sie sich dabei vertraut mit der Technik Lesen im Rückwärtsgang.

Um diese Technik nachhaltig zu trainieren und ganz nebenbei im Alltag zu üben, bietet es sich an, die tägliche Zeitungslektüre zu nutzen. Nachdem Sie diese Technik an verkürzten Zeilen erprobt haben und sich etwas sicherer fühlen, ist es an der Zeit, auf reguläre Zeilenlänge umzusteigen. Nehmen Sie dazu eines Ihrer Bücher zur Hand und üben Sie auch hier.

> Lesen Sie für mindestens zehn Minuten in einem beliebigen Fachbuch. Variieren Sie dabei Ihre Geschwindigkeit, üben Sie die Technik Lesen im Rückwärtsgang und versuchen Sie, Ihre Geschwindigkeit möglichst wenig von der Leserichtung beeinflussen zu lassen.

Schnell werden Sie merken, dass das Lesen im Rückwärtsgang in schmalen Zeitschriftenspalten zwar deutlich einfacher ist, sich mit etwas Übung jedoch auch in normalen Büchern effizient einsetzen lässt.

Investieren Sie deshalb in die Technik Lesen im Rückwärtsgang unbedingt einige Übungseinheiten – Sie werden zusehen können, wie Ihre Lesegeschwindigkeit Fahrt aufnimmt. Im Folgenden eine Kurzbeschreibung der 5-3-1-Übung mit bekanntem Text:

- Üben Sie das Lesen im Rückwärtsgang an einer unbekannten Textstelle, an der Sie voraussichtlich einige Zeit lesen können, ohne auf bekannte Textstellen, Abbildungen oder Tabellen zu stoßen.
- Stellen Sie Ihren Timer auf fünf Minuten.
- Setzen Sie dabei Ihre Zeigehilfe ein und nehmen Sie Einsparungen vor.

- Vergessen Sie nicht, Anfang und Ende der gelesenen Textstelle zu markieren.
- Achten Sie vor allem darauf, Ihre Zeigehilfe nicht aus den Augen zu verlieren, wenn Sie am Ende einer Zeile in die nächste springen, die Sie von rechts nach links lesen.

Lesen Sie in angenehmem Tempo für fünf Minuten.

Stellen Sie Ihren Timer nun auf drei Minuten und steigern Sie Ihre Geschwindigkeit.

Lesen Sie die markierte Textstelle nun in drei Minuten. Achten Sie darauf, auch bei dieser Geschwindigkeit den Inhalt des Textes zu erfassen.

Verlassen Sie Ihre persönliche Komfortzone und stellen Sie Ihren Timer nun auf eine Minute. Achten Sie bei diesem Tempo darauf, nicht schludrig zu arbeiten und mit Zeigehilfe und Augen wild über den Text zu fahren.

Führen Sie Ihre Augen in 60 Sekunden über den Text.

Reflexion und Zusammenfassung

Vermutlich haben Sie es bereits gemerkt: So unvorstellbar wie es zu Beginn klang, ist das Lesen im Rückwärtsgang nicht wirklich. Gerade bei kurzen Zeilen gelingt dies sehr schnell. Da sich in jeder Zeile nur einige wenige Worte befinden, fällt die Leserichtung hier nicht wirklich ins Gewicht. Sie beeinträchtigt das Textverständnis kaum.

Das ist wichtig, denn Textzeilen in beiden Richtungen lesen zu können, ist eine der zentralen Voraussetzungen für sehr hohe Lesegeschwindigkeiten. Das jeweilige Tempo erfolgreicher Hochgeschwindigkeitsleser hängt nicht davon ab, ob Zeilen gerade von vorne nach hinten gelesen werden oder umgekehrt. Damit dies auch Ihnen zunehmend besser gelingt und Sie sich nach und nach an längere Textzeilen heranwagen können, einige kleine Ratschläge:

- Vergessen Sie über dem Lesen im Rückwärtsgang nicht alles, was Sie bisher gelernt haben – halten Sie die Geschwindigkeit noch immer möglichst hoch, nehmen Sie noch immer Einsparungen an Zeilenanfang und -ende vor und führen Sie Ihre Augen mit Finger oder Bleistift.
- Versuchen Sie bei jedem neuen Text zügig in einen konstanten Rhythmus zu kommen. Je gleichmäßiger Ihre Augen über die Zeilen gleiten, desto leichter fällt es Ihnen, den Inhalt wahrzunehmen. Beginnen Sie mit einem eher niedrigen Tempo und steigern Sie dies nach und nach.
- Bei längeren Textzeilen kann es Ihnen helfen, bei der ersten Begegnung mit dieser Technik nach jeder gelesenen Zeile einen kurzen Moment zu pausieren. Halten Sie für eine Sekunde inne bevor Sie mit Ihrer Führungshilfe die nächste Zeile in Angriff nehmen. Natürlich wollen wir diese Sekunde nach und nach verkürzen, doch hilft sie Anfängern dabei, schnellstmöglich einen gleichmäßigen Rhythmus zu finden.

Es wurde bereits angesprochen, wie grundlegend ein sicherer Umgang mit den beiden Basic Techniques ist, da die weiterführenden Methoden auf diesen aufbauen. Von daher sollten Sie hier ein wenig mehr Übungszeit investieren. Das Lesen nach Taktgeber ist zu Beginn dieser Phase allerdings nur selten gewinnbringend:

- Das Metronom gibt Ihnen einen konstanten Rhythmus vor und berücksichtigt natürlich nicht, dass Sie als Anfänger etwas mehr Zeit benötigen, wenn Sie eine Zeile von rechts nach links lesen.
- Solange Sie mit kurzen Zeilen üben, müssten Sie das Metronom unheimlich schnell stellen, so dass dieses ein eher hektisches Dauergeräusch von sich geben würde.

Sparen Sie sich diese Übung für später auf. Setzen Sie sie dann ein, wenn Sie mit längeren Textzeilen üben und spüren, dass Ihr Tempo nicht hinterherhinkt, wenn Sie von rechts nach links lesen.

Investieren Sie Ihre Zeit im Moment lieber in die klassische 5-3-1-Methode oder trainieren Sie nach dem 1-3-5-Prinzip. Üben Sie zunächst mit Texten in Spaltenform und gehen Sie nach und nach über zu längeren Textzeilen.

5.2 Nutzen Sie den Doppelten Zeilenschwung

Ihr Nutzen, Ihre Vorgehensweise

Die zweite Basic Technique weist einige Parallelen zum Lesen im Rückwärtsgang auf:
* Auch sie wird Ihr Lesetempo auf ein neues Niveau heben.
* Auch ihr Nutzen erschließt sich auf den ersten Blick.
* Auch Sie ist zentrale Grundlage für die Techniken für Fortgeschrittene.

Allerdings:
* Auch sie bedarf einiger Übung!

Beim Doppelten Zeilenschwung verzichten Sie zwar darauf, von rechts nach links zu lesen, lesen aber nun zwei Zeilen auf einmal. Sie kennen dies, wenn Sie Musiker sind oder jemals Karaoke gesungen haben: Während in der oberen Zeile die Noten bzw. Tonhöhen zu sehen sind, läuft in der unteren Zeile der Text mit. Dies klingt schwerer als es ist, denn selbst in einer Karaokebar gelingt es Ungeübten sehr schnell, beides wahrzunehmen.

Nutzen ab jetzt auch Sie Ihr peripheres Sehvermögen und die menschliche Fähigkeit, übereinander angeordnete Dinge gleichzeitig wahrzunehmen. Selbst wenn Sie Ihren Blick starr auf das rote Licht einer Ampel richten, werden Sie dennoch gleichzeitig das noch nicht leuchtende gelbe und grüne wahrnehmen. Viele Menschen im asiatischen Raum nutzen diese Fähigkeit seit jeher, da Koreanisch oder auch Japanisch traditionell von oben nach unten gelesen wird.

Führen Sie Ihre Zeigehilfe bei dieser Technik wie in der Abbildung gezeigt unterhalb jeder zweiten Zeile entlang. So stellen Sie sicher, dass Sie nicht Teile des Texts verdecken. Während Ihre Augen sich von Stift oder Finger führen lassen, nehmen Sie zwei Zeilen auf einmal wahr. Verlassen Sie sich wie auch bei der ersten Basic Technique darauf, dass Ihr Gehirn die einzelnen Sinneinheiten automatisch richtig zusammensetzen wird.

Erziehungsstilforschung

Das Ehepaar Tausch stellte fest, dass die Mehrzahl der Lehrkräfte autoritäres Verhalten negativ beurteilt. Trotzdem reagieren viele von ihnen unter Handlungsdruck autoritär. Vor allem in Situationen, in denen sie Gefahr laufen, die Kontrolle über eine Klasse zu verlieren (hoher Lärmpegel, Streitereien etc.), handeln Erzieher häufig anders, als sie handeln wollen oder als sie glauben zu handeln.

Die Einteilung der Erziehungsstile in Typologien entspricht nicht den Ausprägungsformen in der Wirklichkeit. Erziehungsstile sind gedankliche Modelle, so genannte „Konstrukte", die der Realität mehr oder weniger entsprechen.

Einzelne Merkmale werden herausgehoben und dadurch über-betont. Gleichzeitig werden mit einem Begriff wie „demokratisch" weitere Eigenschaften verknüpft. Dieses Vorgehen führt zwangsläufig zu Verzerrungen und Beurteilungsfehlern.

Jede Lehrkraft hat einen ihrer Art entsprechenden Erziehungsstil, der letztlich einmalig und unverwechselbar ist und der unter Umständen von Situation zu Situation und von Bezugsgruppe zu Bezugsgruppe variieren kann. Bisherige Erfahrungen und die augenblickliche Situation des Einzelnen bestimmen seine

---

Erleichtern können Sie sich dies, indem Sie auch bei dieser Technik zu Beginn eines Absatzes stets von Neuem beginnen: Lesen Sie nicht die letzte Zeile des einen und die erste Zeile des neuen Absatzes gemeinsam.

Behalten Sie auch bei dieser Technik im Hinterkopf, dass Sie die Größe der Einsparungen an den Rändern variieren und zunehmend ausweiten. Im Vergleich zu unserer ersten Basic Technique gilt es, beim Doppelten Zeilenschwung die eine oder andere Gemeinsamkeit zu beachten:

- Bemühen Sie sich auch bei dieser Technik um eine möglichst hohe Geschwindigkeit. Je höher diese ist, desto leichter werden Sie das Gelesene verstehen, da der Abstand zwischen den einzelnen, wahrgenommenen Sinneinheiten kleiner wird.
- Setzen Sie auch bei dieser Technik die Ihnen mittlerweile wohlvertraute Zeigehilfe ein, um Ihren Augen Orientierung zu geben.
- Vergessen Sie im Eifer des Gefechts und angesichts der Herausforderung, eine neue Technik einzuüben, bitte nicht, dass Sie auch bei dieser sowohl mit Führungshilfe als auch mit Augen Einsparungen an den Rändern vornehmen.

Schreiten Sie zur Tat

Üben Sie auch hier zunächst an verkürzten Zeilen aus Zeitungen und Zeitschriften. Texte in Spaltenform sind anfangs insofern gut geeignet, als sich bei diesen die wenigen Wörter besonders leicht erfassen lassen.

> Erproben Sie den Doppelten Zeilenschwung zunächst in einer beliebigen Zeitschrift. Lesen Sie dazu für mindestens zehn Minuten in einer für Sie angenehmen Geschwindigkeit. Gerne können Sie diese im Laufe der Übung variieren oder – ganz verwegen – auch einmal drei der verkürzten Zeilen auf einmal wahrzunehmen versuchen

Anschließend nehmen Sie Ihr Buch zur Hand und üben an regulären Zeilen.

> Lesen Sie für mindestens zehn Minuten in Ihrem Buch. Variieren Sie auch dabei Ihr Tempo und machen Sie sich vertraut mit der Technik des Doppelten Zeilenschwungs.

Als zweite Basic Technique muss auch der Doppelte Zeilenschwung sicher beherrscht werden. Gemeinsam mit dem Lesen im Rückwärtsgang bildet er schließlich die Grundlage für die weiterführenden Techniken. Von daher sollten Sie hier etwas Zeit investieren und so lange üben, bis Sie sich sicher fühlen.

Beginnen Sie am besten damit, diese Technik mit der bewährten 5-3-1-Übung mit bekanntem Text zu trainieren:

- Wählen Sie dazu eine unbekannte Textstelle, die für einige Minuten kontinuierliches Lesen ermöglicht.
- Stellen Sie Ihren Timer auf fünf Minuten.
- Nutzen Sie Ihre Zeigehilfe und nehmen Sie Einsparungen an den Rändern vor.
- Markieren Sie die Stelle, an der Sie zu lesen beginnen.

Lesen Sie in angenehmem Tempo für fünf Minuten.

Stellen Sie Ihren Timer nun auf drei Minuten und steigern Sie Ihre Geschwindigkeit.

Lesen Sie die markierte Textstelle nun in drei Minuten. Achten Sie darauf, auch bei dieser Geschwindigkeit den Inhalt des Textes zu erfassen.

Verlassen Sie Ihre persönliche Komfortzone und stellen Sie Ihren Timer nun auf eine Minute.

Führen Sie Ihre Augen in 60 Sekunden über den Text.

Reflexion und Zusammenfassung

Wie ist es Ihnen ergangen? Konnten Sie Ihre Lesehilfe konstant im Blick behalten oder sprangen Ihre Augen zwischen den beiden Zeilen hin und her? Diese Schwierigkeit, die bei vielen Seminarteilnehmern zu beobachten ist, legt sich mit etwas Übung. Eventuell wollen Sie noch die eine oder andere Trainingsphase einschieben, bevor Sie zu den weiterführenden Techniken übergehen?

- Vergessen Sie über dem Doppelten Zeilenschwung nicht alles, was Sie bisher gelernt haben – noch immer sollen Sie Ihre Geschwindigkeit hoch halten, Einsparungen an Zeilenanfang und -ende vornehmen und Ihre Augen mit Finger oder Bleistift führen.
- Versuchen Sie bei jedem neuen Text zügig in einen konstanten Rhythmus zu kommen. Je gleichmäßiger Ihre Augen über die Zeilen gleiten, desto leichter fällt es Ihnen, den Inhalt wahrzunehmen. Beginnen Sie mit einem eher niedrigen Tempo und steigern Sie dies nach und nach.

Wenn Sie diese Technik noch etwas länger üben möchten, um eine wirklich solide Grundlage für die Superior und Meta Techniques zu schaffen, bietet sich das Lesen mit Taktgeber an:

- Betrachten Sie die Textstelle, die Sie bei Ihrer allerersten 5-3-1-Übung in fünf Minuten gelesen haben und zählen Sie die dort vorhandenen Zeilen.
- Teilen Sie die Anzahl der Zeilen durch fünf – auf diese Weise ermitteln Sie, wie viele Zeilen Sie pro Minute gelesen haben.
- Teilen Sie diese Zeilenanzahl durch zwei – Sie lesen ja immer zwei Zeilen auf einmal. So erhalten Sie die Anzahl der Signale, die Ihr Metronom pro Minute geben sollte.

150   gelesene Zeilen
5 min   benötigte Zeit
=> 30 Zeilen pro Minute
30 : 2 = 15 Signale pro Minute

- Wenn Sie nun Ihr Metronom auf 15 Signale pro Minute einstellen, werden Sie ausreichend Zeit haben, den Doppelten Zeilenschwung zunächst in langsamem Tempo zu üben.
- Lesen Sie in diesem Tempo für einige Minuten und erhöhen Sie dann nach und nach die Schlagzahl. Lassen Sie Ihr Metronom zunächst zwei zusätzliche Signale pro Minute geben, dann vier, sechs, acht und so weiter.

5.3 Zusammenfassung

Nachdem Sie nun beide *Basic Techniques* kennen gelernt haben, etwas erproben konnten und eingeübt haben, nun ein Hinweis: Dem Großteil meiner Seminarteilnehmer – etwas mehr als zwei Dritteln – fällt der Doppelte Zeilenschwung zu Beginn deutlich leichter als das Lesen im Rückwärtsgang. Bei dieser Technik steigen Anfänger gleich auf relativ hohem Niveau ein und können vor allem bei verkürzten Zeilen sehr schnell enorme Fortschritte verbuchen.

Dennoch ist es wichtig, auch beim Lesen im Rückwärtsgang am Ball zu bleiben und Fortschritte zu machen. Textzeilen in beiden Richtungen lesen zu können, ist nämlich eine der zentralen Voraussetzungen für sehr hohe Lesegeschwindigkeiten. Das Tempo erfolgreicher Hochgeschwindigkeitsleser hängt nicht davon ab, ob Zeilen von vorne nach hinten gelesen werden oder umgekehrt.

Damit Ihnen auch das Lesen im Rückwärtsgang zunehmend besser gelingt, sind hier zwei Ratschläge:

- Bitte achten Sie beim Üben dieser Technik darauf, weiterhin sowohl Einsparungen vorzunehmen als auch Auge und Zeigehilfe synchron zu führen.
- Schrecken Sie nicht vor längeren Textzeilen zurück. Sie werden merken, dass dies recht gut funktioniert. Längere Textzeilen bieten Ihnen sogar den Vorteil, dass das Lesen deutlich weniger hektisch wird. Hier lässt sich die Zeigehilfe deutlich entspannter und gleichmäßiger über die Zeilen führen.

Neben dem Lesen im Rückwärtsgang ist auch der Doppelte Zeilenschwung zentrale Voraussetzung für die weiterführenden Methoden des Speed Readings. Im nächsten Kapitel werden Sie diese beiden miteinander kombinieren. Voraussetzung hierfür ist allerdings, dass Sie beide Einzeltechniken sicher beherrschen und einsetzen können. Üben Sie deshalb noch ein wenig:

- Nachdem Sie zum Üben mit längeren Textzeilen übergegangen sind und sich etwas sicherer fühlen, können Sie auch das Metronom einsetzen. Bedenken Sie dabei: Wenn Ihr Metronom bisher zwanzig Mal pro Minute geschlagen hat, können Sie es jetzt, wo Sie beim Doppelten Zeilenschwung zwei Zeilen auf einmal lesen, ohne Geschwindigkeitsverlust zehn Mal pro Minute ein Signal geben lassen.
- Trainieren Sie darüber hinaus natürlich auch mit der klassischen 5-3-1-Methode, bei der Sie ein und denselben Text mehrmals in unterschiedlichen Geschwindigkeiten lesen.
- Stellen Sie diese Methode auch auf den Kopf und üben Sie nach dem 1-3-5-Prinzip. Gelingt es Ihnen bereits in der ersten Runde, innerhalb von 60 Sekunden Struktur und Kernaussage zu erfassen? Verstehen Sie den Inhalt des Texts bereits in der zweiten Runde, wenn Sie sich drei Minuten Zeit nehmen?

Bevor Sie den nächsten Schritt tun und zu den Superior Techniques übergehen, ist es angebracht, noch etwas zu üben. Wechseln Sie hierbei mehrmals zwischen den beiden Techniken hin und her und erproben Sie diese. Finden Sie heraus, mit welcher Sie sich leichter tun und an welchen Stellen Sie noch Schwierigkeiten haben. Neben den bisher vorgestellten Übungen sollten Sie sich auch an der folgenden versuchen.

Auch diese Übung basiert auf dem klassischen 5-3-1-Prinzip, arbeitet jedoch mit unterschiedlichen Texten. Gehen Sie folgendermaßen vor:

Entscheiden Sie zunächst, welche Basic Technique Sie trainieren möchten.

- Markieren Sie die Stelle, an der Sie zu lesen beginnen, und setzen Sie Ihren Timer auf fünf Minuten.

- Lesen Sie nun fünf Minuten lang mit entspannter, angenehmer Geschwindigkeit – setzen Sie dabei neben der jeweiligen Basic Technique alle erlernten Grundlagentechniken ein.

- Wenn der Timer abgelaufen ist, setzen Sie eine Markierung an der Stelle, bis zu der Sie gelesen haben. Blättern Sie kurz zurück und stellen Sie fest, wie weit Sie in fünf Minuten gekommen sind.

- Anschließend suchen Sie sich eine andere Stelle in Ihrem Buch und markieren Anfang und Ende eines ähnlich langen Textstücks.

- Setzen Sie den Timer nun auf drei Minuten und lesen Sie in entsprechend höherem Tempo. Geben Sie Ihr Bestes, um die Zielmarkierung innerhalb der drei Minuten zu erreichen. Achten Sie trotz der höheren Geschwindigkeit darauf, Augen und Zeigehilfe synchron zu bewegen.

- Als letzten Schritt markieren Sie erneut eine Textstelle von identischer Länge, lassen Führungshilfe und Augen jetzt jedoch in nur einer Minute über die Zeilen rasen. Gewöhnen Sie sich an dieses atemberaubende Tempo, auch wenn Ihr Textverständnis vermutlich noch recht gering sein wird.

6 Superior Techniques – Bringen Sie Ihr Lesetempo auf das nächste Level

Im Bereich der Superior Techniques, die das Bindestück zwischen grundlegenden Basic und herausfordernden Meta Techniques darstellen, findet sich generell eine Vielzahl unterschiedlicher Techniken. Wie auch in meinen Seminarveranstaltungen möchte ich an dieser Stelle darauf verzichten, Ihnen sechs, sieben oder sogar mehr Lesetechniken lediglich oberflächlich vorzustellen. Vielmehr konzentrieren wir uns an dieser Stelle auf drei Techniken, nehmen uns dafür jedoch die Zeit, jede einzelne gründlich zu erproben und einzuüben.

Für dieses Buch wurden bewusst die drei Techniken ausgewählt, die zwei wichtige Vorteile auf sich vereinen:

(1) All diese Techniken lassen sich erfahrungsgemäß leicht und schnell erlernen und gut in den eigenen Leseprozess integrieren. Sie stellen Seminarteilnehmer und Übende in der Regel vor keine unüberwindbaren Hindernisse. Da Ihnen – anders als in einem Seminar – kein Trainer zur Verfügung steht, mit dem Sie Rücksprache halten können und der Sie anspornt, ist dieser Aspekt bei der Auswahl der Lesetechniken besonders wichtig.

(2) Jede einzelne dieser Techniken weist einen individuellen Vorteil auf, der sie gerade in einem Speed-Reading-Buch, das sich an Studierende wendet, unentbehrlich macht.

Bei den ausgewählten Techniken handelt es sich um die folgenden:

- Die klassische Kombination verbindet die beiden Basic Techniques Lesen im Rückwärtsgang und Doppelten Zeilenschwung und stellt die einfachste Superior Technique dar. Je besser Sie die beiden Techniken beherrschen, desto leichter wird es Ihnen fallen, die erste Superior Technique gewinnbringend einzusetzen.
- Der Tracer ist insofern gerade für Studierende geeignet, als viele wissenschaftliche Texte in digitaler Form gelesen werden und er sich besonders gut an mobilen Lesegeräten einsetzen lässt.

- Die Schleifchentechnik bietet ein enormes Maß an Flexibilität, so dass sie sich sowohl bei einfachen Grundlagentexten als auch bei hochanspruchsvollen Fachtexten einsetzen lässt.

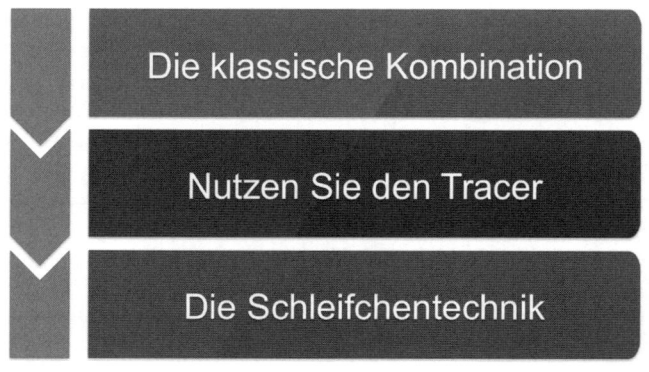

6.1 Kombinieren Sie die erlernten Techniken – die Klassische Kombination

Ihr Nutzen, Ihre Vorgehensweise

Nachdem sie mit dem Lesen im Rückwärtsgang und dem Doppelten Zeilenschwung mittlerweile sicher umgehen und beide Techniken in Ihren Alltag integriert haben, ist es nun an der Zeit diese beiden Techniken zu kombinieren.

Die Klassische Kombination aus Lesen im Rückwärtsgang und dem Doppelten Zeilenschwung ist im Prinzip sehr einfach: Wie in folgender Abbildung veranschaulicht setzen Sie Ihre Führungshilfe nicht in der ersten, sondern in der zweiten Zeile an. Nachdem Sie diese gelesen haben, rutschen Sie anders als beim klassischen Lesen im Rückwärtsgang nicht eine, sondern zwei Zeilen nach unten und lesen nun diese von rechts nach links. Genau wie beim Lesen im Rückwärtsgang führen Sie Ihre Zeigehilfe abwechselnd von links nach rechts und von rechts nach links über die Zeilen; genau wie beim Doppelten Zeilenschwung nehmen Sie stets zwei Zeilen auf einmal wahr.

Erziehungsstilforschung

Das Ehepaar Tausch stellte fest, dass die Mehrzahl der Lehrkräfte autoritäres Verhalten negativ beurteilt. Trotzdem reagieren viele von ihnen unter Handlungsdruck autoritär. Vor allem in Situationen, in denen sie Gefahr laufen, die Kontrolle über eine Klasse zu verlieren (hoher Lärmpegel, Streitereien etc.), handeln Erzieher häufig anders, als sie handeln wollen oder als sie glauben zu handeln.

Die Einteilung der Erziehungsstile in Typologien entspricht nicht den Ausprägungsformen in der Wirklichkeit. Erziehungsstile sind gedankliche Modelle, so genannte „Konstrukte", die der Realität mehr oder weniger entsprechen. Einzelne Merkmale werden herausgehoben und dadurch über- betont. Gleichzeitig werden mit einem Begriff wie „demokratisch" weitere Eigenschaften verknüpft. Dieses Vorgehen führt zwangsläufig zu Verzerrungen.

Jede Lehrkraft hat einen ihrer Art entsprechenden Erziehungsstil, der letztlich einmalig und unverwechselbar ist und der unter Umständen von Situation zu Situation und von Bezugsgruppe zu Bezugsgruppe variieren kann. Bisherige Erfahrungen und die augenblickliche Situation des Einzelnen bestimmen seine

Dieser Schritt von den Basic Techniques zu den Superior Techniques stellt für die meisten der Teilnehmer die größte Herausforderung in meinen Seminaren dar. Bei den beiden Einzeltechniken bekommen die Teilnehmer meist schon während der ersten Übungen ein gutes Gefühl und spüren, wie diese Techniken sich in den eigenen Leseprozess integrieren lassen und die eigenen Lesegewohnheiten verändern.

Die Kombination beider Techniken hingegen fühlt sich für viele zu Beginn sehr ungewohnt und fremd an. Bitte lassen Sie an dieser Stelle nicht nach, sondern bleiben Sie am Ball. In den meisten Fällen spüren Anfänger bei dieser Technik keine kontinuierlichen Verbesserungen, sondern erleben vielmehr plötzlich und unvermittelt einen Aha-Moment. In diesem Augenblick scheinen sie schlagartig das richtige Gefühl für diese Technik entwickelt zu haben.

Vergleichen Sie das Üben dieser Technik mit einem steilen Berg, den Sie mit Ihrem Fahrrad bezwingen: Der Anstieg will kein Ende nehmen und gestaltet sich zunächst schwierig und anstrengend – haben Sie jedoch erst einmal den Gipfel erreicht, können Sie entspannt hinab ins nächste Tal rollen. Ihr Fahrrad trägt Sie wie von selbst. Genau so wird es Ihnen voraussichtlich mit dieser Technik ergehen.

Darüber hinaus gibt es einen weiteren Grund, sich der Herausforderung Klassische Kombination zu stellen: Wenn Sie diese erste Superior Technique beherrschen, wird es ein Kinderspiel für Sie sein, die weiteren zu lernen – auch den in Kapitel 6.2 dargestellten Tracer.

Schreiten Sie zur Tat

Für das Üben der Klassischen Kombination stehen Ihnen die unterschiedlichsten Varianten zur Verfügung. An dieser Stelle sei ein allgemeiner Hinweis gestattet: Lange Zeit habe ich die Technik des Hochgeschwindigkeitslesens ausschließlich in Seminarveranstaltungen direkt vermittelt. Von der Veröffentlichung eines Lehrbuchs habe ich bislang abgesehen, da mir der direkte Kontakt zu den Lernenden wichtig war, um Fragen beantworten und Hilfestellung geben zu können. Aufgrund wiederholter Nachfrage der Teilnehmer ist nun doch dieses Arbeitsbuch entstanden. Da bei einem Buch jedoch nicht die Möglichkeit für Rückfragen besteht, bemühe ich mich, Übungsbeschreibungen so eindeutig wie möglich zu halten, und wiederhole einzelne Übungsbeschreibungen mehrmals.

Selbstverständlich können Sie Ihre Lesegeschwindigkeit wieder von einem Metronom steuern lassen. Stellen Sie Ihren Taktgeber hierzu in einem ersten Schritt bewusst langsam. Vielleicht haben Sie, solange sie zwei Zeilen auf einmal in der gewohnten Leserichtung durchlaufen, sogar das Gefühl, Sie würden zu langsam lesen. Zwei Zeilen gleichzeitig wahrzunehmen, ist für Sie ja nichts Neues mehr. In dem Moment jedoch, indem Sie am Ende der Zeile nach unten rutschen und nun gleichzeitig zwei Zeilen von rechts nach links lesen, wird dieses niedrige Tempo helfen, den Inhalt zweier Zeilen gleichzeitig selbst im Rückwärtsgang aufzunehmen. Dass Sie nach und nach schneller lesen und den Taktgeber dementsprechend einstellen, muss wohl nicht extra erwähnt werden.

> Lesen Sie für mindestens 15 Minuten an einer Ihnen unbekannten Textstelle. Lassen Sie Ihr Tempo dabei von einem Metronom bestimmen. Stellen Sie dieses zunächst bewusst langsam, um sich an diese Technik zu gewöhnen. Steigern Sie die Geschwindigkeit Schritt für Schritt.

Natürlich bietet sich auch bei dieser Technik wieder das Üben nach dem 5-3-1-Prinzip mit gleichbleibendem Text an. Regelmäßig überlegen einzelne Teilnehmer an dieser Stelle, daraus eine 5-3-Übung zu machen. Ihnen erscheint die Geschwindigkeit in der einen Minute des letzten Durchgangs zu hoch für das Lesen in der Klassischen Kombination. Davon rate ich explizit ab. Gewöhnen Sie sich mit dieser Übung an ein Tempo, das für Sie momentan eigentlich zu hoch ist. Verlassen Sie Ihre persönliche Komfortzone.

> Praktizieren Sie die 5-3-1-Übung an einer unbekannten Textstelle.

Zum Lesen nach dem 5-3-1-Prinzip mit drei unterschiedlichen, jedoch gleich langen Texten gibt es nur eines zu sagen: Praktizieren

Sie die Klassische Kombination für fünf Minuten in angenehmem Tempo an einem Ihnen unbekannten Text, Lesen Sie ein ähnlich langes Textstück in drei Minuten und lassen Sie abschließend Ihre Augen in einer einzigen Minute über ein weiteres Textstück fliegen.

> Praktizieren Sie – nachdem Sie sich mit dieser Superior Technique sicher fühlen – die 5-3-1-Übung auch an drei unterschiedlichen, jedoch gleich langen Textstellen.

Auch das Lesen nach der 1-3-5-Methode bietet sich an, um den Umgang mit der Klassischen Kombination zu üben. Erfassen Sie beim ersten Durcharbeiten die grobe Idee des Textes sowie das ein oder andere herausstechende Detail. Erst bei den beiden weiteren Lesedurchgängen nehmen Sie zunehmend mehr Informationen auf und ergänzen dieses grobe Gerüst.

> Lesen Sie eine zuvor abgesteckte Textstelle, deren Länge der in der letzten Übung verwendeten entspricht, zunächst in 60 Sekunden, dann in drei Minuten und abschließend in fünf Minuten.

Reflexion und Zusammenfassung

Bei der Klassischen Kombination handelt es sich um die gebräuchlichste Methode der Superior Techniques. Diese Variante vereint die Vorteile beider Basic Techniques: Das gleichzeitige Erlesen zweier Zeilen und das Nutzen des Zurückführens der Augen an den linken Zeilenrand.

Hat Ihr Gehirn sich im Rahmen des Erprobens und des Trainings bereits daran gewöhnt, Sinnbruchstücke und Wortgruppen zu erfassen, blitzschnell zu sortieren und miteinander zu kombinieren, so bewältigt es sicherlich auch diese neue Herausforderung mit Bravour.

Ausgehend von dieser Technik lassen sich die beiden folgenden Superior Techniques meist recht schnell erlernen.

6.2 Nutzen Sie den Tracer

Ihr Nutzen, Ihre Vorgehensweise

Die zweite Superior Technique, die ich Ihnen an dieser Stelle vorstellen möchte, ist der Tracer. Aus den unterschiedlichen Methoden, die zur Auswahl stehen, wurde diese aus verschiedenen Gründen ausgewählt:

- Nach der Klassischen Kombination lässt sich der Tracer sehr schnell erlernen. Beide Techniken sind sich so ähnlich, dass Sie enorm davon profitieren, die erste Superior Technique sicher zu beherrschen. Erfahrungsgemäß kommt der Großteil der Lerner mit dieser Technik nach dem gründlichen Üben der Klassischen Kombination besonders gut zurecht.
- Der Tracer stellt ein außerordentlich variables Werkzeug dar, das sich je nach Anspruch und Schwierigkeitsgrad des zu lesenden Textes flexibel handhaben lässt.

Wie die einzelnen Absätze der Abbildung zeigen, kann diese Lesetechnik in unterschiedlichen Varianten eingesetzt werden:

- Beim klassischen Tracer lesen Sie die erste Zeile eines Abschnitts in üblicher Leserichtung. Am Zeilenende angekommen queren Sie auf dem Rückweg mit Zeigehilfe und Augen den folgenden Absatz, um an den Anfang der letzten Zeile zu gelangen. Diese lesen Sie erneut von links nach rechts. Wichtig ist, dass Sie den Blick auf Ihre Führungshilfe gerichtet lassen und Ihr peripheres Sehvermögen nutzen, während Sie den Abschnitt überqueren. So nehmen Sie die Umgebung der Finger- oder Bleistiftspitze wahr. Gerade diese Technik fällt deutlich leichter, wenn der Abstand zum Text vergrößert wird – von daher kann allein aufrechtes Sitzen bereits positiven Einfluss haben.
- Ein Vorteil dieser Technik ist, dass Sie je nach Anspruch des Textes einen Absatz in ein oder mehrere Abschnitte unterteilen können, so dass Sie mehrere Zeilen schaffen, die Sie von links nach rechts lesen werden.
- Diese Lesetechnik setzt Ihnen kaum Grenzen und kann wie im zweiten Absatz der Abbildung sogar mit dem Doppelten Zeilen-

schwung kombiniert werden, wobei die ersten beiden Zeilen gleichzeitig wahrgenommen werden, bevor der gesamte Absatz gequert wird.

- Eine eher unübliche Variante ist am letzten Absatz dargestellt. Versuchen Sie sich an dieser Variante, wenn Sie zu den Lernern gehören, denen die ersten beiden größere Probleme bereiten. Hier starten Sie am Ende der ersten Zeile eines Absatzes und lesen diese im Rückwärtsgang, bevor Sie den Absatz von links nach rechts queren. Der Vorteil liegt darin, dass der anspruchsvolle Teil, das Queren des Absatzes, in gewohnter Leserichtung geschieht.

Erziehungsstilforschung

Das Ehepaar Tausch stellte fest, dass die Mehrzahl der Lehrkräfte autoritäres Verhalten negativ beurteilt. Trotzdem reagieren viele von ihnen unter Handlungsdruck autoritär. Vor allem in Situationen, in denen sie Gefahr laufen, die Kontrolle über eine Klasse zu verlieren (hoher Lärmpegel, etc.), handeln Erzieher häufig anders, als sie handeln wollen oder als sie glauben zu handeln.

Die Einteilung der Erziehungsstile in Typologien entspricht nicht den Ausprägungsformen in der Wirklichkeit. Erziehungsstile sind gedankliche Modelle, so genannte „Konstrukte", die der Realität mehr oder weniger entsprechen. Einzelne Merkmale werden herausgehoben und dadurch überbetont. Gleichzeitig werden mit einem Begriff wie „demokratisch" weitere Eigenschaften verknüpft. Dieses Vorgehen führt zwangsläufig zu Verzerrungen.

Jede Lehrkraft hat einen ihrer Art entsprechenden Erziehungsstil, der letztlich einmalig und unverwechselbar ist und der unter Umständen von Situation zu Situation und von Bezugsgruppe zu Bezugsgruppe variieren kann. Bisherige Erfahrungen und die augenblickliche Situation des Einzelnen bestimmen seine

Schreiten Sie zur Tat

Das Üben des Tracers unterscheidet sich nicht grundlegend von der Art und Weise, wie Sie die Klassische Kombination, die bereits vermittelte Superior Technique, trainieren. Einziger Unterschied: Der Einsatz eines Metronoms ist hier nicht sinnvoll. Da die einzelnen Absätze eines Textes selbstverständlich unterschiedlich lang sind, wäre ein starrer Rhythmus, wie Ihn ein Taktgeber vorgibt, eher kontraproduktiv.

Von daher bietet sich das Üben nach dem 5-3-1-Prinzip an. Dies kann beim Erlernen des Tracers sowohl mit bekanntem Text als auch mit unbekanntem Text geschehen. Bleiben Sie bei dieser Technik für mindestens zehn Minuten ununterbrochen am Ball, damit Sie sich an diese Methode gewöhnen und sich auf den Schwierigkeitsgrad der Textstelle einstellen können.

Auch diese Superior Technique ist bestens geeignet, um im 1-3-5-System geübt zu werden. Vielen Seminarteilnehmern gelingt es mit dem Tracer sehr gut, selbst in den 60 Sekunden des ersten Durchgangs bereits eine gute Vorstellung vom Textinhalt zu bekommen, die Grundidee zu erfassen und einzelne Details aufzunehmen.

Nehmen Sie sich die Zeit, die Sie benötigen, um auch die zweite Superior Technique sicher zu beherrschen. Trainieren Sie dazu so lange wie nötig mithilfe der bisher vorgestellten Übungen.

Zusammenfassung und Reflexion

An dieser Stelle sei mir ein Hinweis gestattet: Vergessen Sie über all den komplexeren Techniken, die Sie aktuell einüben, nicht die Grundlagen des Speed Readings:

- Verwenden Sie eine Führungshilfe, mit deren Hilfe Sie Ihre Augen über den Text führen.
- Vermeiden Sie Rücksprünge und Regressionen, indem Sie Augen und Führungshilfe im Text konstant weiter führen.

- Halten Sie Ihre Geschwindigkeit hoch und bemühen Sie sich gerade in den Übungsphasen, Ihre persönliche Komfortzone zu verlassen.
- Nehmen Sie Einsparungen an den Rändern vor.

Außerdem sollten Sie gerade beim Tracer darauf achten, auch wirklich in Wortgruppen zu lesen. Dies bedeutet, das Umfeld des von Ihnen fixierten Wortes wahrzunehmen, wobei ein bewusst großer Abstand zwischen Text und Augen helfen kann.

Es ist nur allzu menschlich, diese kleinen Feinjustierungen an Ihrem Leseprozess unbeachtet zu lassen, sobald die Techniken komplexer und herausfordernder werden. Betrügen Sie sich nicht selbst! Legen Sie an dieser Stelle eher Wert auf eine saubere Technik als auch auf eine möglichst hohe Geschwindigkeit. Sie üben aktuell noch und es ist wesentlich effektiver, das Tempo etwas zu reduzieren und dabei Grundlagen und jeweils geübte Superior Technique wirklich sauber einzuüben.

6.3 Schleifchentechnik

Ebenso wie die Variante des Tracers aktiviert und nutzt die Schleifchentechnik Ihre Fähigkeit des peripheren Lesens.

Bei Anwendung dieser Technik verzichtet der Hochgeschwindigkeitsleser generell darauf, die Lesehilfe unterhalb einzelner Zeilen horizontal entlang zu führen. Vielmehr verbindet er von vornherein horizontale und vertikale Dimension und führt sein Auge somit abwechselnd vom Zeilenanfang nach rechts unten und vom Zeilenende nach links unten über den Text.

Erziehungsstilforschung

Das Ehepaar Tausch stellte fest, dass die Mehrzahl der Lehrkräfte autoritäres Verhalten negativ beurteilt. Trotzdem reagieren viele von ihnen unter Handlungsdruck autoritär. Vor allem in Situationen, in denen sie Gefahr laufen, die Kontrolle über eine Klasse zu verlieren (hoher Lärmpegel, Streitereien etc.), handeln Erzieher häufig anders, als sie handeln wollen oder als sie glauben zu handeln.

Die Einteilung der Erziehungsstile in Typologien entspricht nicht den Ausprägungsformen in der Wirklichkeit. Erziehungsstile sind gedankliche Modelle, so genannte „Konstrukte", die der Realität mehr oder weniger entsprechen. Einzelne Merkmale werden herausgehoben und dadurch über- betont. Gleichzeitig werden mit einem Begriff wie „demokratisch" weitere Eigenschaften verknüpft. Dieses Vorgehen führt zwangsläufig zu Verzerrungen.

Jede Lehrkraft hat einen ihrer Art entsprechenden Erziehungsstil, der letztlich einmalig und unverwechselbar ist und der unter Umständen von Situation zu Situation und von Bezugsgruppe zu Bezugsgruppe variieren kann. Bisherige Erfahrungen und die augenblickliche Situation des Einzelnen bestimmen seine

Sowohl am Zeilenanfang als auch am Zeilenende kann eine beliebig große Schleife gezogen werden, die diese Fixierung betont und besonders intensiv gestaltet. Sinnvoll ist es gerade für Anfänger diese Schleifen wie in den ersten beiden Absätzen aufgezeigt an Anfang und Ende eines Absatzes zu platzieren. Generell jedoch bleibt es dem Leser überlassen, wie weit er die Bewegungen vertikal ausdehnen möchte, um eine größere oder kleinere Anzahl an Zeilen zu queren.

Die Anwendung der Schleifchentechnik fällt umso leichter, je rhythmischer sie durchgeführt wird. Führen Sie deshalb die Spitze Ihres Bleistifts in einer fast schwingenden, rhythmischen Bewegung über den Text.

Schreiten Sie zur Tat

In der Besonderheit der Schleifchentechnik, die in Ihrer enormen Flexibilität liegt, liegt auch ihre Herausforderung: Die meisten Leser müssen sich erst daran gewöhnen, sie zielgerichtet einzusetzen. Dazu ist es notwendig, den Komplexitäts- und Schwierigkeitsgrad eines Textes schnell zu erfassen sowie Abstand und Anzahl der Schleifchen daran auszurichten.

Tragen Sie dieser Herausforderung Rechnung, indem Sie sich zunächst mindestens zehn Minuten Zeit nehmen, diese Superior Technique an einer beliebigen, unbekannten Textstelle zu erproben. Setzen Sie dabei Ihre Schleifchen einmal etwas enger und einmal etwas weiter, variieren Sie die Anzahl der Schleifchen pro Absatz und machen Sie sich mit dieser Technik vertraut.

Erproben Sie die Schleifchentechnik für mindestens 10 Minuten und variieren Sie dabei die Abstände zwischen den Schleifen.

Setzen Sie auch die unterschiedlichen Varianten der 5-3-1-Übung sowie das 1-3-5-Prinzip ein, um die Schleifchentechnik zu verinnerlichen. Vor allem das 1-3-5-Prinzip ist hier besonders gut geeignet, da Sie hier in den drei unterschiedlichen Phasen gezwungen sind, die Anzahl der Schleifchen zu variieren.

Üben Sie auch nach der 5-3-1-Methode und 1-3-5-Methode.

Reflexion und Zusammenfassung

Wenngleich es vermutlich etwas dauern wird, bis Sie anspruchsvolle, wissenschaftliche Texte wirklich zielgerichtet und systema-
tisch mit der Schleifchentechnik erlesen können, so lässt diese sich
doch leicht und vor allem effizient in den Alltag integrieren.

Gewöhnen Sie es sich einfach an, diese Technik in den kommen-
den Wochen prinzipiell bei allen Texten zu verwenden, die entweder
weniger anspruchsvoll sind oder von Ihnen bereits zu einem frü-
heren Zeitpunkt gelesen wurden. So üben Sie diese wichtige Technik nicht nur ein und verbessern sich kontinuierlich, sondern sparen dabei auch noch Zeit.

7 Abschlusstest

Lassen Sie uns an dieser Stelle Ihre Fortschritte überprüfen und feststellen, wie stark Ihre Lesegeschwindigkeit beeinflusst wurde. Das Prozedere ist bekannt – stürzen Sie sich von daher gleich auf den nun folgenden Abschlusstest.

- Lesen Sie den Text *Konrad Adenauer – Vater der Republik* in angenehmer, ablenkungsarmer Umgebung.
- Setzen Sie dabei die erlernten Grundlagen um.
- Entscheiden Sie sich entweder für eine der Basic Techniques oder eine der Superior Techniques und nutzen Sie somit entweder Lesen im Rückwärtsgang, Doppelten Zeilenschwung, die Klassische Kombination, den Tracer oder die Schleifchentechnik. Wählen Sie die Technik, mit der Sie bisher am besten zurechtkommen.
- Tragen Sie auch hier am Ende des Texts Ihre Zeit in Minuten und Sekunden in den dafür vorgesehenen Kasten ein.

Konrad Adenauer – Vater der Republik

Kaum ein anderer hat die frühe Bundesrepublik so geprägt wie Konrad Adenauer. Dabei war er 1949, als er zum ersten Mal mit der Mehrheit von einer Stimme – seiner eigenen – zum Bundeskanzler gewählt worden war, bereits ein Mann in fortgeschrittenem Lebensalter. Am 5. Januar 1876 geboren, stand er zu diesem Zeitpunkt kurz vor Vollendung seines 74. Lebensjahres. Nichts kennzeichnet umgekehrt die Schwierigkeiten des Neuanfangs nach der totalen Katastrophe stärker die Tatsache, dass die junge Bundesrepublik auf das Wissen und die Erfahrung einer Generation angewiesen war, die eigentlich schon lange das Rentenalter erreicht hatte, die aber angesichts des Ausfalls einer ganzen Generation – sei es durch Krieg, sei es durch Mittäterschaft – unverzichtbar geworden war. Theodor Heuss (geboren 1884), der erste Bundespräsident, oder Friedrich Meinecke (1862), erster Rektor der neu gegründeten Berliner Freien Universität, sind weitere Beispiele.

Aus kleinbürgerlichen Verhältnissen stammend, hatte es Adenauer als Jurist bereits vor dem ersten Weltkrieg geschafft, innerhalb der Kölner Stadtverwaltung aufzusteigen, schließlich 1917 dort sogar zum Oberbürgermeister gewählt zu werden. Dieses Amt hatte Adenauer, der dem katholischen Zentrum angehörte, auch über alle Umbrüche hinweg bis 1933 inne. Bereits damals hatte sich Adenauer für eine Trennung der Rheinprovinz von Preußen und für die Schaffung eines westdeutschen Gliedstaates innerhalb des Reiches ausgesprochen. 1933 wurde er seines Amtes enthoben, 1944 im Zuge der Verfolgung von Widerständlern zeitweilig sogar inhaftiert.

Nach Kriegsende gehörte Adenauer zu den Gründern der Christlich Demokratischen Partei Deutschlands (CDU), in der er schnell zur bedeutendsten Persönlichkeit aufstieg. Im September 1949 wurde er zum ersten deutschen Bundeskanzler gewählt. In dieser Funktion leitete er den Wiederaufbau des völlig zerstörten Landes. Zu den wichtigsten Prinzipien gehörte dabei die Politik der

Sozialen Marktwirtschaft, die von seinem langjährigen Wirtschaftsminister Ludwig Erhard konzipiert worden war. Um seine Politik durchzusetzen, bekämpfte Adenauer seinen Gegner, die SPD unter Kurt Schumacher, mit allen Mitteln. Immer wieder wies er, wie im CDU-Wahlplakat 1953, daraufhin, dass „alle Wege des Marxismus nach Moskau" führen. Die Furcht vor dem Kommunismus, die Wiederaufbauleistungen, aber auch das Versprechen einer Dynamisierung der Rentenzahlung verhalfen seiner Regierung 1957 sogar zur absoluten Mehrheit im Bundestag.

Generell galt Konrad Adenauer sowohl als gnadenloser, als auch als begnadeter Wahlkämpfer, der sich bestens darauf verstand, Wähler zu mobilisieren und den politischen Gegner zu diskreditieren. Für ihn begann nach eigener Aussage der jeweils nächste Wahlkampf bereits einen Tag, nachdem der vorherige gewonnen war. Vor allem seine Attacken auf Willy Brandt, dem er seinen Namenswechsel, seine Emigration während des Nationalsozialismus und fehlende Heimatliebe vorwarf, wurden in der Bevölkerung zuletzt kritisch gesehen.

Auch nach außen war Adenauer, der das Amt des Außenministers zunächst selbst übernahm, erfolgreich. Das Amt des Außenministers war für ihn insofern von besonderer Wichtigkeit, als von diesem in seinen Augen alles Weitere abhing – vor allem Sozialpolitik und Wirtschaft. Die Westintegration – Montanunion, Deutschlandvertrag, NATO-Beitritt, GEW-Vertrag – kam vergleichsweise schnell voran. Dies galt auch für das für ihn nach zwei Weltkriegen und Jahrzehnten der Erbfeindschaft besonders bedeutsame Verhältnis zu Frankreich. Symbolträchtig reichten er und Staatspräsident Charles de Gaulle sich 1962 in der Kathedrale von Reims, die während des ersten Weltkrieges von deutschen Truppen schwer beschädigt worden war, die Hand. 1955 gelang ihm sogar die Anknüpfung erster Kontakt mit der Sowjetunion, die er dazu veranlassen konnte, die letzten deutschen Kriegsgefangenen endlich freizulassen.

Seine Erfolge verhinderten aber nicht, dass zu Beginn der 1960er-Jahre die Kritik an seiner Innen- und Außenpolitik zunahm. Stark dazu beigetragen hat die so genannte Spiegel-Affäre 1962. Dabei wurde in der renommierten Zeitschrift *Der Spiegel* ein kritischer Artikel veröffentlicht, woraufhin mehrere Mitarbeiter strafrechtlich verfolgt wurden. Ihnen wurde nichts Geringeres als Landesverrat vorgeworfen. Die Öffentlichkeit, die zum ersten Mal in der Nachkriegszeit laut und engagiert Stellung zu politischen Geschehnissen nahm, wertete dies als Versuch der Regierung, ein kritisches Nachrichtenmagazin zum Schweigen zu bringen. Jahrzehnte später, im Jahr 2012 stellte sich heraus, dass der damalige Bundesnachrichtendienst die Redaktion des Spiegels sogar jahrelang bespitzelt hatte. Die Tatsache, dass das Magazin gestärkt aus dieser Affäre hervorging, wird auch als Stärkung der Pressefreiheit in der noch jungen Nation gesehen.

Weiterer, zentraler Kritikpunkt seines politischen Wirkens, war Adenauers Verhalten während des Mauerbaus 1961. Nächtliche Abriegelung Ostberlins und Mauerbau trafen Adenauer und die Bundesregierung vollkommen unvorbereitet. Während es Adenauers politischem Gegenspieler, Willy Brandt, deutlich besser gelang, sichtbares Engagement gegen die Teilung Deutschlands zu zeigen, blieb Adenauers Wirken aus politischen Gründen den Augen der Bevölkerung zunächst verborgen. Er zögerte sogar zwei Wochen, bevor er nach Berlin reiste und sich der Bevölkerung vor Ort zeigt. Dies wurde ihm nicht als staatsmännisches Betragen und umsichtiges Handeln, sondern als Desinteresse und Passivität ausgelegt.

1963 trat Adenauer zurück und machte Ludwig Erhard widerwillig Platz. Der zu dieser Zeit hinter vorgehaltener Hand bereits als „der Alte" verspottete Adenauer versuchte vergeblich Erhard als Kanzler zu verhindern, da er diesen als äußerst führungsschwach ansah. Bei Zeiten einen geeigneteren Kandidaten aufzubauen und diesem innerhalb der CDU eine Hausmacht zu verschaffen, hatte Adenauer jedoch versäumt. Auch der Versuch, Erhard in das Amt des Bundespräsidenten wegzuloben, scheiterte, da dieser sich mehr als Gestalter und weniger als Repräsentant sah.

Konrad Adenauers Leistungen sind bei aller Kritik bis heute unbestritten; als Gründervater des westdeutschen Teilstaates ist er in die Geschichte eingegangen. Seine Beerdigung 1967, die unter großer Teilnahme der Bevölkerung, aber auch des Auslandes erfolgte, machte dies einmal mehr deutlich. Gerade im Westen war das Gesicht der noch jungen Bundesrepublik seiner Zeit untrennbar mit der Person Adenauers verknüpft. Dies zeigt sich auch daran, dass sein Tod infolge dreier Herzinfarkte und einer kurzen, jedoch heftigen Grippe weltweit Nachrichtenmagazine beschäftigte, auf den Titelseiten wichtiger Nachrichtenmagazine thematisiert wurde und ehemalige Kriegsgegner wie Großbritannien und Frankreich dem deutschen Außenminister ihr Beileid bekundeten.

Adenauers Privatleben ist weniger spektakulär als das manch anderen Bundeskanzlers. So blieb er mit seiner ersten Ehefrau, der Tochter eines bekannten und angesehenen Kölner Galeristen bis zu deren Tod 1916 verheiratet. Aus dieser Ehe gingen drei Kinder hervor. Erst drei Jahre nach dem Tod seiner Gattin heiratete Adenauer erneut. Mit seiner zweiten Frau, Auguste Zinsen hatte er weitere fünf Kinder. Inwieweit der ebenfalls frühe Tod seiner zweiten Frau, auf eine Leukämieerkrankung zurückzuführen ist oder auf einen Selbstmordversuch, den diese in Gestapohaft unternahm, ist bis heute ungeklärt.

Adenauers Interesse reichte über die Politik hinaus, so dass er sich unter anderem mehr oder weniger erfolgreich als Erfinder betätigte. So meldete er ein Verfahren zur Herstellung eines Schrotbrotes ebenso als Patent an wie eine von innen beleuchtete Stopfkugel und eine Sojawurst namens „Kölner Wurst". In den letzten Jahren seines Lebens genoss er häufig die Abgeschiedenheit und Ruhe am Comer See und widmete sich dort dem Boccia-Spiel. Für dieses begeisterte er sich so stark, dass er sowohl in Rhöndorf als auch in Bonn eine Bocciabahn bauen ließ.

(Text leicht verändert nach Epkenhans: Geschichte Deutschlands, 118f)

Benötigte Zeit Zwischentest

_____min   _____s

Berechnen Sie auch Ihre Lesegeschwindigkeit in Wörtern pro Minute:

Berechnung Lesegeschwindigkeit Zwischentest:

1 020 w : _____ min = _____ WpM

3 min 00 s ≙ 3,00 min	4 min 10 s ≙ 4,17 min	5 min 20 s ≙ 5,33 min
3 min 30 s ≙ 3,50 min	4 min 40 s ≙ 4,67 min	5 min 50 s ≙ 5,83 min

Multiple Choice Fragen

Wenden Sie sich nun den folgenden Multiple Choice Fragen zu. Bitte raten Sie nicht und lesen Sie nicht erneut im Text nach.

(1)   Wann wurde Konrad Adenauer Bundeskanzler?
        (a) bereits in sehr jungen Jahren   ❏
        (b) in fortgeschrittenem Lebensalter   ❏
        (c) mit Eintritt seiner Volljährigkeit (damals 21 Jahre) ❏

(2)   Aus welchen familiären Verhältnissen stammte Adenauer?
        (a) aus kleinbürgerlichen Verhältnissen   ❏
        (b) aus wohlhabenden, angesehenen Kreisen   ❏
        (c) dazu steht nichts im Text   ❏

(3) In welcher deutschen Stadt wurde er zum Oberbürgermeister
     gewählt?
     (a) Köln   ❑
     (b) Berlin   ❑
     (c) Bremen   ❑

(4) In welcher Partei begann Adenauers Karriere?
     (a) in der katholischen Zentrumspartei   ❑
     (b) in der sozialdemokratischen SPD   ❑
     (c) als parteiloser Bürgermeisterkandidat   ❑

(5) Weshalb wurde Adenauer während des Nationalsozialismus
     seines Amtes enthoben und inhaftiert?
     (a) Er galt als Jude.   ❑
     (b) Er galt als Spion der Briten.   ❑
     (c) Er galt als Widerständler.   ❑

(6) Wie lautete ein Spruch, mit dem er 1953 in den Wahlkampf
     zog?
     (a) Für ein geeintes Deutschland!   ❑
     (b) Gegen Kriegsschuld und Besatzung!   ❑
     (c) Alle Wege des Marxismus führen nach Moskau!   ❑

(7) Adenauer galt als...
     (a) gnadenloser und begnadeter Jagdflieger.   ❑
     (b) gnadenloser und begnadeter Wahlkämpfer.   ❑
     (c) gnadenloser und begnadeter Widerstandskämpfer.   ❑

(8) Was warf Konrad Adenauer Willy Brandt vor?
     (a) zu große Nähe zur politischen Führung der
         Sowjetunion, seine Emigration während des
         Nationalsozialismus, seine uneheliche Herkunft   ❑
     (b) seine NS-Vergangenheit, seinen Namenswechsel
         und mangelnde Berechenbarkeit   ❑
     (c) seinen Namenswechsel, seine Emigration während
         des Nationalsozialismus und fehlende Heimatliebe   ❑

(9)   Welches Amt hatte Adenauer parallel zum Amt des Bundes-
      kanzlers inne?
      (a) Außenminister   ❏
      (b) Wirtschaftsminister   ❏
      (c) Entwicklungsminister   ❏

(10) Welchem Politiker reichte er 1962 demonstrativ die Hand?
      (a) Harry Truman   ❏
      (b) Charles de Gaulle   ❏
      (c) John F. Kennedy   ❏

(11) Durch seine Annäherung an die Sowjetunion erreichte er...
      (a) die Reduzierung der Reparationszahlungen.   ❏
      (b) die Ausreiseerlaubnis deutscher Familien aus
          den Ostgebieten.   ❏
      (c) die Freilassung der letzten deutschen
          Kriegsgefangenen.   ❏

(12) Was wurde Mitarbeitern des Nachrichtenmagazins während
      der so genannten Spiegel-Affäre vorgeworfen?
      (a) Kollaboration mit dem Feind   ❏
      (b) Unterschlagung   ❏
      (c) Landesverrat   ❏

(13) Die Spiegel-Affäre endete mit...
      (a) der personellen Umstrukturierung des
          Nachrichtenmagazins.   ❏
      (b) der Stärkung des Nachrichtenmagazins.   ❏
      (c) dem Verkauf des Nachrichtenmagazins seitens
          des Verlags.   ❏

(14) Wie lange dauerte es nach Beginn des Mauerbaus, bis Ade-
      nauer sich in Berlin zeigte?
      (a) zwei Wochen   ❏
      (b) zwei Monate   ❏
      (c) zwei Tage   ❏

(15) Wie wurde Adenauer gegen Ende seiner Amtszeit spöttisch
     genannt?
     (a) der Alte   ❏
     (b) der Widerspenstige   ❏
     (c) der Erste   ❏

(16) Wodurch kam Konrad Adenauer zu Tode?
     (a) Leukämie   ❏
     (b) drei Herzinfarkte und eine Grippe   ❏
     (c) einen Herzinfarkt und Niereninsuffizienz   ❏

(17) Welche Todesursachen werden für Adenauers zweite Frau
     diskutiert?
     (a) Hinrichtung durch die Gestapo oder
         Lungenentzündung   ❏
     (b) Suizid oder Leukämie   ❏
     (c) Unfalltod oder Leukämie   ❏

(18) Für welche Erfindungen reichte Adenauer ein Patent ein?
     (a) beleuchtete Stopfkugel, Sojawurst und
         Pfeifenreiniger   ❏
     (b) Herstellung eines Schrotbrotes, beleuchtete
         Stopfkugel und Sojawurst   ❏
     (c) Herstellung eines Schrotbrotes, beleuchtete
         Stopfkugel und Pfannenwender   ❏

(19) Wo verbrachte Adenauer in seinen letzten Lebensjahren mit
     Vorliebe seinen Urlaub?
     (a) an der Nordsee   ❏
     (b) am Comer See   ❏
     (c) am Starnberger See   ❏

(20) Für welche Sportart konnte er sich gegen Ende seines Lebens
     begeistern?
     (a) Billard   ❏
     (b) Schwimmen   ❏
     (c) Boccia   ❏

Musterlösung

Vergleichen Sie Ihre Antworten mit der Musterlösung und tragen Sie die Anzahl Ihrer richtigen Antworten ein.

(1)	b	(5)	c	(9)	a	(13)	b	(17)	b
(2)	a	(6)	c	(10)	b	(14)	a	(18)	a
(3)	a	(7)	b	(11)	c	(15)	a	(19)	b
(4)	a	(8)	c	(12)	c	(16)	b	(20)	c

Berechnung Textverständnis Ausgangstest:

_____ von 20 entspricht _____ %

Tragen Sie die beiden so gewonnenen Werte in Ihre Fortschrittstabelle auf Seite 143 ein und vergleichen Sie diese mit Ihren Ausgangswerten! Wie hat Ihre Lesegeschwindigkeit sich verändert? Ist Ihr Textverständnis gleich geblieben oder beträgt es weiterhin mindestens 70 Prozent?

Nur ein Vergleichswert: Den Teilnehmern des bereits angesprochenen Ein-Tages-Workshops ist eine durchschnittliche Steigerung des Lesetempos um etwa 75 Prozent gelungen.

8 Meta Techniques – Erlernen Sie die Techniken der Weltmeister

Die hohe Kunst des Speed Readings zeigt sich vor allem auf der Ebene der Meta Techniques. Auch wenn die ersten drei Bausteine Ihren Leseprozess bereits enorm positiv beeinflusst und die Geschwindigkeit, mit der Sie Texte verschlingen, stark erhöht haben, wird diese letzte Stufe Ihr Lesen nochmals auf ein höheres Level katapultieren.

Vermutlich fragen Sie sich an dieser Stelle, weshalb der Abschlusstest bereits vor diesen letzten Techniken des Hochgeschwindigkeitslesens durchgeführt wurde. Die Antwort ist recht einfach: Das Erlernen der Meta Techniques erfordert deutlich mehr Übung! Ein Test Ihrer Leistungsfähigkeit wäre zu diesem Zeitpunkt wenig sinnvoll, da Sie die einzelnen Techniken zuvor regelmäßig und kontinuierlich trainieren müssten.

Seien Sie aber versichert – das Training der Meta Techniques lohnt sich nicht nur dadurch, dass es Ihr Lesetempo in der Zukunft steigern wird. Vielmehr können Sie unmittelbar davon profitieren. Gerade Studierenden bieten sich vielfältige Gelegenheiten, das Training dieser Techniken in den Alltag zu integrieren und sofort einen Nutzen daraus zu ziehen.

Auch die drei im Folgenden vorgestellten und vermittelten Meta Techniques wurden nicht allein aufgrund ihrer (relativ) schnellen Erlernbarkeit ausgewählt, sondern auch, weil sie sich besonders leicht in den studentischen Alltag integrieren lassen und diesen besonders produktiv gestalten:

- Mit der Fragezeichen-Technik überfliegen Sie gerade als Anfänger Texte in Windeseile. So verschaffen Sie sich zu Beginn Ihrer Prüfungsvorbereitung einen Überblick über den Lernstoff, identifizieren in der ersten Phase einer schriftlichen Hausarbeit nützliche und weniger nützliche Literatur oder wiederholen Gelerntes am Vorabend von Klausuren besonders effizient.
- Die beidseitige Lesehilfe unterstützt Sie bei der Anfertigung schriftlicher Arbeiten oder der Vorbereitung mündlicher Vorträge auf der Suche nach geeigneten Zitaten, Zahlen, Daten und Fakten in Texten und erspart Ihnen ein detailliertes Durchlesen.

- Die Wellenbewegung ist die ideale Technik, mit der Sie sich Texten in Spaltenform nähern sollten, wie diese besonders häufig in wissenschaftlichen Artikeln und Fachbüchern vorkommt.

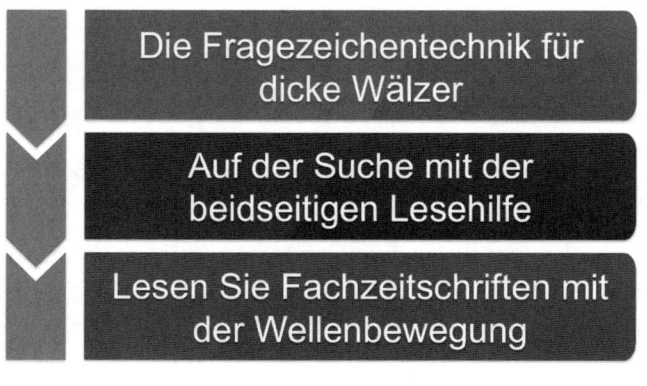

Die Fragezeichentechnik für dicke Wälzer

Auf der Suche mit der beidseitigen Lesehilfe

Lesen Sie Fachzeitschriften mit der Wellenbewegung

8.1 Die Fragezeichen-Technik für dicke Wälzer

Ihr Nutzen, Ihre Vorgehensweise

Die Meta Technique, mit der die meisten Teilnehmer meiner Workshops gut zurechtkommen, ist die Fragezeichen-Technik. Wenn Sie diese Technik erproben, greifen Sie nicht schon zu Beginn nach den Sternen: Nach der kurzen Zeit, die Sie zum Durcharbeiten dieses Buches gebraucht haben, wird es Ihnen vermutlich noch nicht gelingen, mit dieser Technik anspruchsvolle Fachtexte sinnerfassend zu lesen und detaillierte Inhalte zu behalten. Sollte dies bei Ihnen anders sein – kontaktieren Sie mich. Dann möchte ich Sie unbedingt kennen lernen.

Erziehungsstilforschung

Das Ehepaar Tausch stellte fest, dass die Mehrzahl der Lehrkräfte autoritäres Verhalten negativ beurteilt. Trotzdem reagieren viele von ihnen unter Handlungsdruck autoritär. Vor allem in Situationen, in denen sie Gefahr laufen, die Kontrolle über eine Klasse zu verlieren (hoher Lärmpegel, Streitereien etc.), handeln Erzieher häufig anders, als sie handeln wollen oder als sie glauben zu handeln.

Die Einteilung der Erziehungsstile in Typologien entspricht nicht den Ausprägungsformen in der Wirklichkeit. Erziehungsstile sind gedankliche Modelle, so genannte „Konstrukte", die der Realität mehr oder weniger entsprechen. Einzelne Merkmale werden herausgehoben und dadurch über- betont. Gleichzeitig werden mit einem Begriff wie „demokratisch" weitere Eigenschaften verknüpft. Dieses Vorgehen führt zwangsläufig zu Verzerrungen.

Jede Lehrkraft hat einen ihrer Art entsprechenden Erziehungsstil, der letztlich einmalig und unverwechselbar ist und der unter Umständen von Situation zu Situation und von Bezugsgruppe zu Bezugsgruppe variieren kann. Bisherige Erfahrungen und die augenblickliche Situation des Einzelnen bestimmen seine

Bereiten Sie sich darauf vor, dass es einige Wochen dauern wird, bevor Sie die Fragezeichentechnik einsetzen können, um Texte auch wirklich zu lesen. Sie ist sehr anspruchsvoll und fordert sowohl Ihrem peripheren Sehvermögen als auch Ihrem Gehirn Höchstleistungen ab. Es handelt sich dabei um eine der Techniken, die von erfahrenen Hochgeschwindigkeitslesern klassischerweise bei Wettkämpfen eingesetzt werden. Sie benötigen viel Übung, um mit der Fragezeichenmethode den Inhalt eines Textes vollständig zu erfassen, komplexe Zusammenhänge zu verstehen und keine Details zu übersehen. Dennoch können Sie von Anfang an von dieser Schnelllesemethode enorm profitieren. Mehr dazu jedoch, nachdem Sie sich mit dieser Technik etwas vertraut gemacht haben.

Bei der Fragezeichen-Technik ist der Name Programm: Sie führen Ihre Augen mit Hilfe von Finger oder Stift in Form eines Fragezeichens über die gesamte Textseite. Durch die Form des Fragezeichens streifen Sie dabei die ganze Seite. Gehen Sie wie in der Abbildung folgendermaßen vor:

- Sparen Sie am linken Rand einige Zentimeter ein und setzen Sie Ihre Führungshilfe in der vierten oder fünften Zeile des ersten Absatzes an.
- Zeichnen Sie mit Finger oder Stift ein Fragezeichen auf die Seite und führen Sie Ihre Augen bogenförmig an das Ende des Blattes.
- Beenden Sie Ihre Bewegung ungefähr am Ende der ersten Zeile des letzten Absatzes.
- Fixieren Sie abschließend die Mitte des letzten Absatzes. Halten Sie inne, nehmen Sie dabei nochmals den Inhalt wahr und sammeln Sie sich einen Moment.

Gerade der letzte Punkt ist insofern wichtig, als Sie Ihrem Gehirn am Ende einer Seite einen kurzen Moment gönnen sollten, um die aufgenommenen Details zu sortieren und in Zusammenhang zu bringen. Ein oder zwei Sekunden reichen hier gewöhnlich. Sehen Sie diesen Moment auch als bewussten Einschnitt, bevor Sie sich auf die nächste Seite stürzen.

Integrieren Sie die Fragezeichentechnik in Ihren Alltag

Wurde bereits angesprochen, dass ein Üben der Meta Techniques nur durch eine Integration in den Alltag möglich ist, so soll an dieser Stelle dennoch nicht darauf verzichtet werden, den einen oder anderen Rat zu geben:

- Verwenden Sie die Fragezeichen-Technik immer dann, wenn Sie sich einen Überblick über einen umfangreichen Text oder ein ganzes Buch verschaffen wollen.
- Verwenden Sie diese Technik bei anspruchsvollen Texten, bevor Sie diese tatsächlich genau lesen.
- Setzen Sie die Fragezeichen-Technik ein, wenn Sie einen Text bereits einmal gelesen haben und nur noch einmal den Inhalt auffrischen wollen.

Machen Sie dennoch bereits schon einmal vorab Bekanntschaft mit der Fragezeichen-Technik, um ein erstes Gefühl dafür zu bekommen:

> Blättern Sie in diesem Buch zurück und lesen Sie mindestens zwei der ersten acht Kapitel mithilfe dieser Meta Technique. Kleiner Tipp: Entscheiden Sie sich nicht unbedingt für einen der Tests.

Zusammenfassung und Reflexion

Nachdem Sie die erste Meta Technique nun anhand eines kurzen Texts ausprobiert haben, fragen Sie sich unter Umständen, ob es sich für Sie lohnt, Zeit zu investieren und diese doch sehr anspruchsvolle Methode zu erlernen. Die Antwort auf diese Frage kann nur „ja" lauten: Sie werden vermutlich nicht an Wettkämpfen teilnehmen und sich mit weltbekannten Hochgeschwindigkeitslesern messen wollen. Sie profitieren somit von Anfang an von dieser Technik. Dazu müssen Sie diese Technik gar nicht erst zu 100 Prozent perfektionieren:

Die Anwendung dieser Technik schult Ihr peripheres Sehvermögen. Dadurch wird das Feld immer größer, das Sie wahrnehmen können, während Sie die Spitze Ihrer Zeigehilfe fixieren. Die Folge: Sie können an den Rändern der Texte nach und nach größere Einsparungen vornehmen.

Selbst wenn Sie Ihre Zeigehilfe relativ ruhig und langsam über das Papier führen, ist das absolute Lesetempo dennoch sehr hoch, da Sie eine Seite Text innerhalb weniger Sekunden erfassen. Sie gewöhnen sich an das Lesen im hohen Tempo, wovon Sie auch profitieren, wenn Sie die Basic oder Superior Techniques anwenden.

Außerdem eignet sie sich hervorragend, um Texte gezielt zu überfliegen und kann in vielen Situationen eingesetzt werden:

- Sie müssen sich neu in ein Themengebiet einarbeiten und haben viele umfangreiche Bücher und Fachaufsätze zu studieren? Nutzen Sie diese Technik und verschaffen Sie sich innerhalb kürzester Zeit einen Überblick über den Sachverhalt.
- Sie sind bei einem Thema bereits Experte, stoßen jedoch auf ein Ihnen unbekanntes Buch oder einen neu veröffentlichten Aufsatz und möchten auf die Schnelle feststellen, ob dieser Text für Sie Neues enthält und sich das Lesen lohnt? Mit Hilfe des Fragezeichens stellen Sie sehr schnell fest, ob wichtige neue Aspekte enthalten sind oder ob auf die genaue Lektüre verzichtet werden kann.
- Wenn Sie auf sehr anspruchsvolle, komplexe Texte stoßen, verstehen Sie mehr, wenn Sie sich mit dieser Meta Technique vor dem genauen Lesen einen ersten Überblick verschaffen. Dadurch erhalten Sie Einblick in den Aufbau des Textes und seine Kernthesen. Sie verstehen Zusammenhänge leichter und behalten Details langfristiger.

Außerdem stellt die Fragezeichenmethode Ihr Gehirn vor eine große Herausforderung, da mehrere Sinneinheiten auf einmal wahrgenommen werden und zueinander in Bezug zu setzen sind. Sehen Sie es jedes Mal als eine Art Gehirnjogging, wenn Sie diese Technik anwenden.

8.2 Auf der Suche mit der beidseitigen Lesehilfe

Ihr Nutzen, Ihre Vorgehensweise

Die zweite Methode, die ich Ihnen unter der Überschrift Meta Techniques vermitteln möchte, ist die Beidseitige Lesehilfe. Auch diese Technik wurde nicht zufällig ausgewählt, sondern ganz bewusst:

Erziehungsstilforschung

Das Ehepaar Tausch stellte fest, dass die Mehrzahl der Lehrkräfte autoritäres Verhalten negativ beurteilt. Trotzdem reagieren viele von ihnen unter Handlungsdruck autoritär. Vor allem in Situationen, in denen sie Gefahr laufen, die Kontrolle über eine Klasse zu verlieren (hoher Lärmpegel, etc.), handeln Erzieher häufig anders, als sie handeln wollen oder als sie glauben zu handeln.

Die Einteilung der Erziehungsstile in Typologien entspricht nicht den Ausprägungsformen in der Wirklichkeit. Erziehungsstile sind gedankliche Modelle, so genannte „Konstrukte", die der Realität mehr oder weniger entsprechen. Einzelne Merkmale werden herausgehoben und dadurch über- betont. Gleichzeitig werden mit einem Begriff wie „demokratisch" weitere Eigenschaften verknüpft. Dieses Vorgehen führt zwangsläufig zu Verzerrungen.

Jede Lehrkraft hat einen ihrer Art entsprechenden Erziehungsstil, der letztlich einmalig und unverwechselbar ist und der unter Umständen von Situation zu Situation und von Bezugsgruppe zu Bezugsgruppe variieren kann. Bisherige Erfahrungen und die augenblickliche Situation des Einzelnen bestimmen seine

Während das Fragezeichen dem Überfliegen eines Textes dient und Sie sich mit Ihm einen Überblick über den Inhalt verschaffen, nutzen Sie die Beidseitige Lesehilfe, um einen Text auf der Suche nach einer bestimmten Information gezielt durchzusehen. Die Beidseitige Lesehilfe setzen Sie auf der Suche nach einer bestimmten Information ein. Ob der Text, den Sie dabei durchsehen, Ihnen bereits

bekannt ist oder nicht, spielt dabei keine Rolle. Setzen Sie diese
Methode ein, wenn Sie ein bestimmtes Zitat, eine einzelne Zahl
oder eine sonstige Einzelinformation suchen, die aller Wahrscheinlichkeit nach in diesem Text enthalten ist.

• Diese Methode unterscheidet sich deutlich von all den anderen,
  klassischen Techniken des Speed Readings, da sie den Einsatz
  von zwei Zeigehilfen erfordert. Lassen Sie sich noch einmal auf
  eine besondere Herausforderung ein.

• Die meisten unserer Teilnehmer führen Ihren Bleistift in der
  rechten Hand oder nutzen den Zeigefinger der rechten Hand.
  Wenn Sie auch zu dieser Gruppe gehören, setzen Sie Ihre Führungshilfe wie in der Abbildung gezeigt am Ende der ersten
  Zeile an. Nehmen Sie diesmal jedoch anders als bei den bisherigen Techniken keine Einsparungen vor.

• Den Zeigefinger der linken Hand platzieren Sie ebenfalls ohne
  Einsparungen am Anfang der ersten Zeile.

• Nun führen Sie beide Zeigehilfen gleichzeitig außerhalb des
  Textes nach unten. Ihre Augen springen zwischen den beiden
  Führungshilfen hin und her und fliegen dabei geradezu über die
  Zeilen. Ein Teilnehmer prägte das Bild vom Ping-Pong-Spiel,
  das ich in meinen Seminaren gerne übernehme.

Der große Unterschied zwischen dieser und anderen Methoden ist,
dass Ihre Augen hier nicht eine Führungshilfe fixieren. Dies ist
möglich, da es nicht Ihr Ziel ist, den Text zu lesen, sondern Sie sich
lediglich auf die Suche nach einer bestimmten Information bege-
ben.

Schreiten Sie zur Tat

Selbstverständlich lässt sich diese Technik nur dann in den Alltag
integrieren, wenn Sie gerade tatsächlich in einem Text nach bestimmten Informationen suchen. Behalten Sie deshalb die Beidseitige Lesehilfe im Hinterkopf und greifen Sie bei Bedarf darauf zurück. Ihre Effizienz wird Sie verblüffen.

Um Ihnen dennoch die Möglichkeit zu geben, erste Erfahrungen
mit dieser Methode zu sammeln, und um sicherzustellen, dass

dieser Kurs nicht zu theorielastig wird, sondern kurzweilig und spannend bleibt, eine kleine Übung:

Nutzen Sie die Beidseitige Lesehilfe und durchforsten Sie Kapitel 1 auf der Suche nach den folgenden Informationen:
- Welche zwei Lesestrategien kennen Studierende normalerweise?
- Welches Risiko birgt Speed Reading in sich?

Reflexion und Zusammenfassung

Wie ist es Ihnen ergangen? Konnten Sie die gesuchten Informationen im Text finden oder mussten Sie mehrfach innehalten und vielleicht sogar im Text zurückgehen?

Die Effizienz der Beidseitigen Lesehilfe lässt sich nochmals deutlich steigern, wenn Sie sich die gesuchte Information vor Beginn Ihrer Suche genau vor Augen führen. Wie das gehen soll, fragen Sie an dieser Stelle?

Ganz einfach: Wenn Sie nach einer bestimmten Zahl suchen, schließen Sie für einen Moment die Augen und stellen sich eine beliebige Ziffernfolge vor; suchen Sie ein Zitat, lassen Sie Anführungszeichen vor Ihrem geistigen Auge auftauchen und wenn Sie eine Personenbeschreibung suchen, stellen Sie sich eine Vielzahl möglicher Adjektive vor.

Alternativ können Sie auch einen Block zur Hand nehmen und Anführungszeichen oder Ziffern darauf notieren, um sich bei Ihrer Suche auch tatsächlich auf das relevante Objekt zu fokussieren.

Probieren Sie dies doch gleich einmal mit den folgenden Aufgaben aus und stellen Sie sich die Form, in der die gesuchte Information auftauchen könnte bildlich vor oder notieren Sie diese.

Kapitel 1

*   Was ist der limitierende Faktor Ihres Erfolgs?
    (Hier können Sie auf einem Blatt Papier die Wörter limitierend, Grenze, Erfolg, Zensuren o.Ä. notieren, da diese auf die gesuchte Information hinweisen. Alternativ schließen Sie für einen kurzen Moment die Augen und stellen sich diese Begriffe ausgeschrieben vor.)
*   Welche beiden US-Präsidenten waren Hochgeschwindigkeitsleser?
    (Hier bieten sich auf den ersten Blick die Begriffe US, USA, Präsident und Amerika an.)
*   Wie heißt der mehrfache Weltmeister mit vollem Namen?
    (Suchen gestalten sich besonders einfach, wenn Sie sich an einen Teil des Namens erinnern; Sie suchen einfach nach dem bekannten Teil – hier eventuell Adams.)

Wenden Sie diese Technik der Visualisierung auch bei Kapitel 9 an und suchen Sie nach den folgenden Informationen:

Kapitel 9

*   Wann wurde SQ3R entwickelt?
    (Suchen Sie nach einer Ziffernfolge – sinnvollerweise nach 19... oder 20...)
*   Welche Vorteile bietet SQ3R?
    (Vorteile, Stärken, Nutzen etc.)
*   Wie lauten die an den Text zu stellenden Leitfragen?
    (Leifragen – hier gibt es wohl kaum schlüssige Alternativen)

8.3 Lesen Sie Fachzeitschriften mit der Wellenbewegung

Ihr Nutzen, Ihre Vorgehensweise

Die Wellenbewegung wurde bewusst in die Auswahl der in diesem Handbuch aufgeführten Meta Techniques aufgenommen, da sie sich in idealer Weise für die Lektüre mehrspaltiger Texte eignet, wie sie Studierenden häufig in Fachzeitschriften und wissenschaftlichen Artikeln begegnen.

Erziehungsstilforschung

Das Ehepaar Tausch stellte fest, dass die Mehrzahl der Lehrkräfte autoritäres Verhalten negativ beurteilt. Trotzdem reagieren viele von ihnen unter Handlungsdruck autoritär. Vor allem in Situationen, in denen sie Gefahr laufen, die Kontrolle über eine Klasse zu verlieren (hoher Lärmpegel, etc.), handeln Erzieher häufig anders, als sie handeln wollen oder als sie glauben zu handeln.

Die Einteilung der Erziehungsstile in Typologien entspricht nicht den Ausprägungsformen in der Wirklichkeit. Erziehungsstile sind gedankliche Modelle, so genannte „Konstrukte", die der Realität mehr oder weniger entsprechen. Einzelne Merkmale werden herausgehoben und dadurch überbetont. Gleichzeitig werden mit einem Begriff wie „demokratisch" weitere Eigenschaften verknüpft. Dieses Vorgehen führt zwangsläufig zu Verzerrungen.

Jede Lehrkraft hat einen ihrer Art entsprechenden Erziehungsstil, der letztlich einmalig und unverwechselbar ist und der unter Umständen von Situation zu Situation und von Bezugsgruppe zu Bezugsgruppe variieren kann. Bisherige Erfahrungen und die Situation des Einzelnen bestimmen seine Handlungen.

Zwar verwenden geübte Hochgeschwindigkeitsleser diese Technik auch beim Studium von Texten, deren Zeilen über die gesamte Breite einer Seite gehen, doch überfordert dies Anfänger in der Mehrzahl der Fälle. Erproben Sie dies im Rahmen spielerischer Übungen, doch nutzen Sie diese Technik erst zu einem späteren Zeitpunkt für reguläre Texte.

Die Wellenbewegung ist es, die dafür sorgt, dass im Auge des Beobachters der Eindruck entsteht, sehr gute Speed Reader würden lediglich in der Mitte der Seite nahezu vertikal hinab lesen. Die Sinneinheiten der verkürzten Zeilen mehrspaltiger Texte sind geradezu prädestiniert dafür, auch von Anfängern mit einer einzelnen Fixierung aufgenommen zu werden.

Leiten Sie Ihr Auge deshalb in einer leichten vertikalen Wellenbewegung die Textspalte hinab. Führen Sie hierzu Ihre Lesehilfe mit wenigen Zentimeter breiten Schwingungen in der Mitte der Textspalte hinab.

Wie in beiden Spalten angedeutet, kann hierbei der vertikale Ausschlag nach und nach verringert werden.

Schreiten Sie zur Tat und integrieren Sie die Wellenbewegung in Ihren Alltag

Nutzen Sie ab sofort die Wellenbewegung immer dann, wenn Ihnen verkürzte Spalten begegnen – beispielsweise in Zeitungen, Fachzeitschriften, wissenschaftlichen Aufsätzen und einer Vielzahl von Fachbüchern.

Sie werden schnell merken, dass es sich bei dieser Technik um die Meta Technique handelt, die sich besonders leicht erlernen und die sich von Anfang an effektiv einsetzen lässt.

9 Verbinden Sie Speed Reading und klassische Lesestrategien für maximalen Erfolg

Besonders stark profitieren Sie in Ihrem Studium von den einzelnen Speed-Reading-Techniken, wenn Sie diese in klassische Lesestrategien einbinden.

Lesestrategien sind strukturierte Herangehensweisen an Texte. Sie sollen weitverbreiteten Problemen entgegenwirken, die Studierenden das eigenständige Erlesen von Texten und das Verstehen anspruchsvoller Fachliteratur erschweren. Nach Auskunft Studierender sind dies vor allem die Folgenden:

- Viele Studierende verstehen bei wissenschaftlichen Texten nur Bahnhof und kennen außer erneutem Lesen keine Möglichkeit, das eigene Textverständnis zu steigern.
- Wie bereits in Kapitel 1 angesprochen schweifen die Gedanken vieler Leser während des Lesens ab; es fällt ihnen schwer, sich zu 100 Prozent auf den Inhalt zu konzentrieren.
- Gerade Studierende sehen oft den Wald vor lauter Bäumen nicht, sitzen buchstäblich vor einem Stapel an Büchern und wissen nicht, welches zu lesen sich wirklich lohnt.
- Sobald der Text zur Seite gelegt wird, merken viele Studierende, dass sie kaum etwas behalten haben – in der Prüfungsvorbereitung doch eher ungünstig!

Im Folgenden werden Sie zwei unterschiedliche Lesestrategien kennen lernen:

(1) SQ3R – die wohl renommierteste Lesestrategie, auf die sich nahezu jede moderne, heute hoch angepriesene Lesestrategie zurückführen lässt.

(2) Multiple Reading Process, eine Art Kurzversion, die sich auch unter Zeitdruck anwenden lässt und beispielsweise in Prüfungssituationen sicherstellt, dass Quellentexte, Aufgabenstellung und Ähnliches verstanden wurden.

9.1 SQ3R – die klassische Lesestrategie

Auch wenn einer Suche im Internet eine Vielzahl unterschiedlicher, teilweise seltsam benannter Lesestrategien wie MURDER, PQ4R oder TWA zu Tage fördert, soll an dieser Stelle die klassische Lesestrategie SQ3R nach Robinson vorgestellt werden. Diese stellt sozusagen die Mutter aller Lesestrategien dar, auf der alle neueren Konzepte basieren.

Sie wurde bereits in den 1940er Jahren von Francis Robinson mit dem Ziel entwickelt, seinen Studierenden das Studium wissenschaftlicher Texte zu erleichtern. In seinen Lehrveranstaltungen hatte er beobachtet, dass nur wenige Teilnehmer mit einer klaren Strategie an anspruchsvolle Texte herangingen. Nur eine Handvoll Studierender profitierte tatsächlich von der Lektüre fachwissenschaftlicher Texte.

Die daraufhin von ihm entwickelte Lesestrategie mit dem sperrigen Namen SQ3R konnte hier Abhilfe schaffen und gilt noch heute als renommierteste, effizienteste Technik zur Steigerung des Textverständnisses. Darüber hinaus bietet sie dem Anwender vielfältige Vorteile:

- Innerhalb kürzester Zeit wird die Relevanz des Gelesenen festgestellt, so dass dem Lesezweck nicht dienliche Texte aussortiert werden können, ohne zu viel Zeit damit zu vergeuden.
- Die Inhalte werden während des Lesens so aufbereitet, dass Sie gut im Langzeitgedächtnis gespeichert werden. Dies erspart nicht nur in der Vorbereitung auf Klausuren Zeit, sondern unterstützt den Aufbau eines fundierten Grundlagenwissens.
- Konzentration und Motivation bleiben hoch, so dass SQ3R dem Abschweifen von Gedanken entgegenwirkt.

Bei der Bezeichnung von Robinsons Konzept stehen die einzelnen Buchstaben für einzelne Phasen, die beim Studium wissenschaftlicher Texte durchlaufen werden sollen.

Diese fünf Phasen werden im Folgenden genauer dargestellt, um Ihnen einen Einblick in die Vorgehensweise nach Robinson zu geben, bevor explizit auf die Verknüpfung dieser Lesestrategie mit den Techniken des klassischen Speed Readings eingegangen wird.

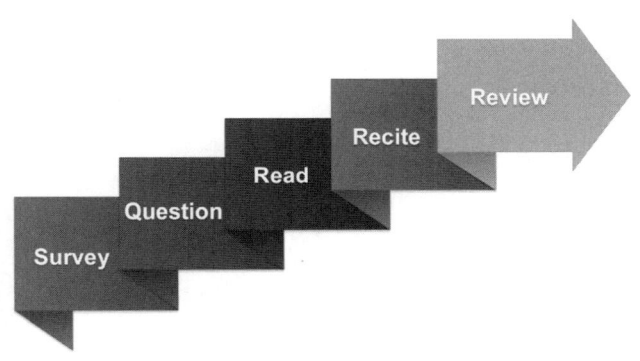

Phase 1 – Survey

Anders als bei Romanen, die lediglich zur Unterhaltung gelesen werden, ist es bei wissenschaftlichen Texten nicht sinnvoll, diese einfach aufzuschlagen und von vorne bis hinten durchzulesen. Sinnvoll hingegen ist es, sich zunächst einen Überblick zu verschaffen, die Struktur des Textes zu erfassen und eine grobe Vorstellung des Inhalts zu bekommen. Dadurch fällt Ihnen der spätere Leseprozess leichter, Sie können sich im Text besser orientieren und erfassen bereits die wichtigsten Leitgedanken, denen Sie später während des eigentlichen Lesens weitere Details zuordnen.

Diese erste Phase ist nicht sehr zeitaufwändig und lässt sich im Allgemeinen innerhalb weniger Minuten durchlaufen. Gerade für Studierende bietet diese Phase drei zentrale Vorteile:

(1) Der Inhalt von klausurrelevanten Texten wird besser behalten, da der Leser durch die Kombination von Leitgedanken und Details bereits eine Struktur aufbaut.

(2) Schwer verständliche, wissenschaftliche Texte, deren Lektüre in Lehrveranstaltungen vorausgesetzt wird, werden leichter erfasst und verstanden.

(3) Bei der Anfertigung schriftlicher Hausarbeiten werden unnütze Texte bereits nach dieser ersten Phase identifiziert und aussortiert.

Beschäftigen Sie sich in dieser Phase mit einigen zentralen Elementen wissenschaftlicher Texte. Gehen Sie dabei nach Möglichkeit in der folgenden Reihenfolge vor:

- Titel und Untertitel
  Wird hier bereits eine Schwerpunktsetzung des Autors deutlich?
- Inhaltsverzeichnis
  Wie sind die Ausführungen strukturiert und aufgebaut?
- Kapitelüberschriften und jeweils erster Satz
  Welche Einzelaspekte werden hier angesprochen?
- Klappentexte, Abstracts, Einführungen und Zusammenfassungen
- Abbildungen und Unterstreichungen bzw. Fettungen des Autors

Durch das Studieren dieser Elemente haben Sie sich bereits einen ersten Überblick über den Text verschafft und wissen sozusagen, was Sie erwartet.

Phase 2 – Question

In dieser zweiten Phase geht es für den Leser darum, Fragen an den Text zu richten. Diese sollen Konzentration und Motivation hochhalten und sicherstellen, dass er auf seine Ziele fokussiert bleibt.

Nicht verschwiegen werden soll an dieser Stelle, dass diese zweite Phase gelegentlich Ziel von Kritik ist. Der eine oder andere merkt an, das es weder zielführend noch praktikabel sei, Fragen an einen noch unbekannten Text zu richten.

Gerade für Studierende jedoch ist diese Phase wichtig, da sie selektives Lesen ermöglicht, bei dem sie in dicken Büchern und umfangreichen wissenschaftlichen Artikeln nur den Passagen größere Aufmerksamkeit und Zeit schenken, die für ihre Zwecke wirklich nützlich sind. Dies verhindert beispielsweise, dass Sie sich von interessanten Aspekten von Ihren eigentlichen Zielen ablenken lassen – eine Gefahr, die vor allem engagierte Studierende betrifft, die für ihr Fachgebiet „brennen".

Am besten gehen Sie in dieser zweiten Phase in drei Schritten
vor:

(1) *Beantworten Sie die klassischen Leitfragen.*
     Weshalb lese ich diesen Text?
     Was muss er beinhalten, um mir dienlich zu sein?

(2) *Formulieren Sie konkrete Fragen zum Text.*
     Verwenden Sie Überschriften, Zusammenfassungen und vom
     Autor markierte Schlüsselwörter, um Fragen zu formulieren,
     die in den entsprechenden Ausführungen aller Voraussicht
     nach geklärt werden. So wird beispielsweise aus der Über-
     schrift *Der Wandel des Aufsatzunterrichts in den 70er Jahren* die
     Frage *Welchen Veränderungen unterlag der Aufsatzunterricht in
     den 70er Jahren?* abgeleitet.

(3) *Markieren Sie die konkreten Fragen, auf die Sie tatsächlich Ant-
     worten benötigen.*
     Ihre Antworten auf die klassischen Leitfragen können Ihnen
     hierbei eine große Hilfe sein. Halten Sie sich dabei immer vor
     Augen, weshalb Sie den vorliegenden Text studieren.

Phase 3 – Read

Erst nach diesen beiden vorbereitenden Phasen folgt die Tätigkeit,
mit der die meisten Studierenden beginnen: Das eigentliche Lesen.
    Das Lesen des Textes sollte Ihnen nun, da Sie bereits eine grobe
Vorstellung von seinem Inhalt und Aufbau gewonnen haben, besonders leicht fallen. Achten Sie dennoch darauf, regelmäßig Pausen einzulegen, da ein wirklich konzentriertes Lesen und Studieren
kaum länger als 45 Minuten am Stück aufrechterhalten werden
kann. Anschließend sinkt die Konzentration unweigerlich ab, die
Zeilen verschwimmen vor Ihren Augen und Sie nehmen weniger
und weniger des Inhalts bewusst wahr. Gestalten Sie Ihre Pausen
aktiv, bewegen Sie sich und verbringen Sie diese nicht ziellos im
Internet surfend. Da Sie durch die vorbereitenden Phasen einen
ersten Eindruck von Schwierigkeits- und Komplexitätsgrad des Textes gewonnen haben, können Sie sich für die einzelnen Arbeitspha-
sen zwischen den Pausen auch eine genaue, realistische Menge
von Seiten vornehmen, die Sie studieren möchten.

Wenn Sie während der vorbereitenden Phasen einzelne Passagen identifizieren konnten, die besonders wichtig und anspruchsvoll erscheinen, sollten Sie für diese Passagen von vornherein mehrmaliges Lesen einplanen. Gerade bei anspruchsvollen wissenschaftlichen Texten können Sie nicht davon ausgehen, Inhalte durch einmaliges Lesen sicher zu verstehen und zu behalten.

Inwiefern Sie während des Lesens selbst aktiv werden, bleibt Ihnen überlassen. Da Sie als nunmehr erfahrener Hochgeschwindigkeitsleser stets einen Bleistift als Zeigehilfe in Händen halten und über die Zeilen führen, dürfte es eine Kleinigkeit sein, Unterstreichungen, Markierungen und vielleicht sogar Notizen anzubringen.

Viele Studierende profitieren in dieser Phase auch davon, die in Phase 2 formulierten konkreten Fragen kurz schriftlich zu beantworten. Experimentieren Sie damit und finden Sie heraus, ob dies auch etwas für Sie ist.

Phase 4 – Recall

Nein, trotz der Bezeichnung *Recall* hat diese vierte Phase nichts mit der beliebten Casting Show *Deutschland sucht den Superstar* zu tun! Vielmehr geht es in dieser Phase darum, einem unter Studierenden weitverbreiteten Problem entgegenzuwirken:

Viele haben während des Lesens den Eindruck, den Text tatsächlich verstanden und einen Großteil behalten zu haben. Wenn sie jedoch das Buch zuklappen oder den Aufsatz zur Seite legen, müssen Sie feststellen, dass dem nicht so ist. Der Inhalt scheint wie weggeblasen.

Phase 4 *Recall* deckt Verständnisprobleme auf und stellt eine erste Wiederholung des Gelesenen dar, um den Inhalt bestmöglich in Ihrem Langzeitgedächtnis zu verankern. Führen Sie diese Phase am besten nach jedem Kapitel oder umfangreicheren Sinnabschnitt durch, auf jeden Fall jedoch bevor Sie eine kurze Lesepause einlegen. Dazu bieten sich in erster Linie drei unterschiedliche Vorgehensweisen an:

- *Wiederholung*
  Schriftlich oder mündlich wiederholen Sie das eben Gelesene
  und fassen dieses kurz und knapp zusammen. Seien Sie bitte
  besonders vorsichtig, wenn Sie sich für die Form der mündlichen Wiederholung entscheiden und betrügen Sie sich bitte
  nicht selbst. Formulieren Sie Ihre Zusammenfassung auch hier
  in ganzen Sätzen und sprechen Sie diese zumindest halblaut
  vor sich hin.
- *Markierungen und Notizen nutzen*
  Wenn Sie während der Phase *Read* Markierungen angebracht
  und Notizen erstellt haben, können Sie diese nun nutzen. Betrachten Sie dazu Ihre Notizen oder die im Text unterstrichenen
  Begriffe und rekapitulieren Sie auf dieser Basis den Inhalt. Oftmals kann es auch helfen, diese Elemente als Stichworte zu
  sehen, mit deren Hilfe ein freier Vortrag vor Publikum zu halten
  ist. Informieren und begeistern Sie Ihr imaginäres Publikum!
- *Visualisieren*
  Visualisieren Sie den Inhalt des Gelesenen, indem Sie eine
  Mind-Map, ein Diagramm oder eine passende Zeichnung erstellen.

All diese drei Vorgehensweisen haben eines gemeinsam: Die dabei
entstehenden Ergebnisse können nach einem erneuten Lesevorgang weiter ergänzt und vervollständigt werden.

Phase 5 – Review

Diese fünfte Phase ähnelt der vorangehenden Phase *Recall* sehr
stark und sollte als einzige Phase mehrfach durchlaufen werden.
Ihr Ziel ist es, den Inhalt des gelesenen Textes wirklich langfristig
in Ihrem Gedächtnis abzuspeichern und bei Bedarf abrufen zu
können.

- Überprüfen Sie dazu die eingangs formulierten Fragen und
  überlegen Sie, ob diese zu Ihrer Zufriedenheit beantwortet sind
  oder ein erneutes Lesen der Textstelle, unter Umständen sogar
  das Lesen eines weiteren Textes, notwendig ist.

- Überfliegen Sie erneut Ihre Zusammenfassungen und Visuali-sierungen. Auf diese Art und Weise verschaffen Sie sich erneut einen Überblick über den Text.
- Betrachten Sie lediglich die Hauptüberschriften oder aber das Inhaltsverzeichnis. Versuchen Sie zu jeder einzelnen Über-schrift einen kurzen, zwei- oder dreiminütigen freien Vortrag zu halten.
- Erstellen Sie Mind-Maps, Diagramme und Abbildungen, die den Inhalt des gesamten Textes zusammenfassen.

Am besten führen Sie diese Phase einmal unmittelbar nach der Lektüre des gesamten Textes durch und wiederholen sie dann nach folgendem Schema:

- erste Wiederholung nach 24 Stunden
- drei weitere Wiederholungen in den folgenden fünf Tagen

SQ3R und das klassische Speed Reading – eine erfolgbringende Verbindung

Für die Techniken des klassischen Speed Readings bietet SQ3R eine Vielzahl an Ansatzpunkten, die Sie unbedingt nutzen sollten um einerseits Ihren Leseprozess effizienter und Ihr Studium erfolgrei-cher zu gestalten und andererseits das Hochgeschwindigkeitslesen weiter zu üben:

- Gerade in der Anfangszeit, in der Sie noch etwas Übung benö-tigen, bis Sie die etwas anspruchsvolleren Speed-Reading-Tech-niken wirklich effizient einzusetzen wissen, können Sie Phase 1 *Survey* nutzen, um Superior und Meta Techniques zu trainie-ren:
  Setzen Sie dazu beispielsweise den Tracer oder die Fragezei-chen-Technik ein, um sich einen ersten Überblick über den Text, dessen Aufbau, Struktur und Inhalt zu verschaffen. Je sicherer Sie im Umgang mit den einzelnen Techniken werden, desto mehr werden Sie dazu übergehen, an dieser Stelle Meta Tech-niques wie Fragezeichen und Wellenbewegungen einzusetzen. Die Superior Techniques hingegen werden Sie fortan zuneh-mend für den eigentlichen Leseprozess in Phase 3 *Read* nutzen.

- Das eigentliche Lesen in Phase 3 *Read* lässt sich zunächst mithilfe des Lesens im Rückwärtsgang und des Doppelten Zeilenschwungs besonders zeitsparend gestalten. Allerdings werden Sie sehr schnell merken, wie Sie auch hier zunehmend auf die einzelnen Superior Techniques wie die Klassische Kombination, den Tracer oder die Schleifchentechnik zurückgreifen können.
- Am Ende Ihres Leseprozesses in Phase 5 *Review* bietet sich beispielsweise das Fragezeichen an, mit dem Sie innerhalb kürzester Zeit den gesamten Text erneut scannen, um ihn zu wiederholen und noch besser im Langzeitgedächtnis zu verankern. Diese Technik bietet sich auch am Klausurvortag an, wenn Sie den bereits gelernten, jedoch sehr umfangreichen Prüfungsstoff ein letztes Mal zeitsparend wiederholen wollen.

9.2 Multiple Reading Process (MRP)

Unabhängig von ihrer Effektivität ist die Lesestrategie SQ3R nicht jedermanns Sache. Manchem Studierenden ist es zu aufwändig, alle fünf Phasen zu durchlaufen, manchem sagen die einzelnen Techniken nicht zu und wieder andere fühlen sich durch die relativ starren Abläufe zu sehr in ein Korsett gezwängt. In diesem Fall, aber auch wenn Sie unter großem Zeitdruck arbeiten müssen, bietet sich der Multiple Reading Process an. Dieser besteht aus drei schnell zu durchlaufenden Phasen.

Phase 1 – Preview

In dieser ersten Phase beschränken Sie sich darauf, Einleitung und Zusammenfassung des Aufsatzes oder Fachbuchs zu lesen. Selbstverständlich haben nicht alle Texte tatsächlich ausgewiesene Einleitungen und/oder Zusammenfassungen. Bei kurzen Fachartikeln beispielsweise, die kaum mehr als eine einzelne Seite umfassen, bietet es sich an, den ersten und letzten Absatz etwas genauer anzusehen. In vielen Fällen finden Sie hier zunächst Forschungsvorhaben, Absicht oder Zielsetzung beschrieben, während der letzte Absatz oftmals ein Fazit zieht. Ähnlich stellt es sich auch bei umfangreichen Kapiteln in Fachbüchern dar, die möglicherweise 30 oder mehr Seiten umfassen. Anstelle von *Einleitung* finden Sie hier unter Umständen zu Beginn die Überschrift *Forschungsvorhaben*, *Abstract*, *Einführung*, *Vorüberlegung* oder *Fragestellung*. Widmen Sie sich den zugehörigen Ausführungen mit Hilfe der von Ihnen bevorzugten Basic oder Superior Technique des Speed Readings.

Da Einleitung und Zusammenfassung in der Regel gespickt mit wichtigen Informationen sind und die wichtigsten Details beinhalten, ist diese erste Phase sehr anspruchsvoll und intensiv. Sie werden innerhalb kürzester Zeit eine Vielzahl an Informationen aufnehmen und mehr als nur einen oberflächlichen Einblick in Inhalt oder Struktur des Textes bekommen.

Phase 2 – Overview

In dieser zweiten Phase konzentrieren Sie sich ausschließlich auf die einzelnen Überschriften und studieren diese. Sollte das zu lesende Material keine Überschriften haben, lesen Sie den ersten Satz eines jeden Absatzes, da dieser in vielen Fällen den Leitgedanken des Absatzes enthält.

Als geübter Hochgeschwindigkeitsleser bietet es sich an dieser Stelle an, den Tracer zu nutzen. Dazu lesen Sie den ersten Satz eines Absatzes und queren diesen anschließend zügig, um den letzten Satz des Absatzes ebenfalls zu lesen. Halten Sie sich mit dieser Phase nicht zu lange auf und queren Sie den Absatz wirklich zügig.

Bereits nach diesen ersten beiden, nicht wirklich zeitintensiven Phasen haben Sie eine ziemlich genaue Vorstellung vom Inhalt des Textes und vermutlich sogar schon einige Details aufgenommen.

Phase 3 – Read

Als dritte und letzte Phase dieser Lesestrategie folgt das eigentlich Lesen. Dieses sollten Sie selbstverständlich mit der von Ihnen bevorzugten Speed-Reading-Technik angehen, um möglichst zeitsparend zu lesen.

Nachdem Sie sich also in Phase 1 einen Überblick verschafft, sich mit den Leitgedanken des Textes vertraut gemacht und allgemeine Informationen aufgenommen haben, dringen Sie in Phase 2 bereits tiefer in die Materie ein und nehmen weitere Fakten und Details auf. In Phase 3 lesen Sie nun tatsächlich alle Details und studieren den gesamten Text.

Sie werden den Text nun nicht nur besser verstehen, da Sie sich bereits einen genauen Überblick verschafft haben, sondern Sie laufen auch nicht Gefahr, sich in Details zu verlieren und den Blick für Zusammenhänge und das große Ganze zu verlieren. Diesen haben Sie sich ja bereits zuvor verschafft.

Als netter Nebeneffekt lässt sich feststellen, dass Sie mit dem Multiple Reading Process besonders viele Details nachhaltig behalten, da dieser Leseprozess genau betrachtet aus drei Durchgängen beziehungsweise Wiederholungen besteht und Wiederholung die Wahrscheinlichkeit erhöht, Gelesenes zu einem späteren Zeitpunkt sicher aus dem Langzeitgedächtnis abrufen zu können.

10 Speed Reading im 21. Jahrhundert – Lesen an Bildschirm und Co.

Im digitalen Zeitalter haben sich die Lesegewohnheiten verändert – gerade das Gros der Fachliteratur wird heute in digitaler Form gelesen. Dies stellt Hochgeschwindigkeitsleser vor neue Herausforderungen, bietet jedoch auch gänzlich neue Möglichkeiten. Es bieten sich Ihnen die unterschiedlichsten Möglichkeiten, Ihren Leseprozess am Bildschirm effizienter zu gestalten.

10.1 Ipad mini, Kindle und Co.

Viele Dokumente, gerade auch wissenschaftliche Dokumente, werden an so genannten Readern, Mini-Tablets, dem Kindle oder dem iPad Mini gelesen. Selbstverständlich sind diese Geräte bestens dafür geeignet, den eigenen Leseprozess mittels einer Zeigehilfe zu gestalten und die Techniken des klassischen Speed Readings einzusetzen.

Darüber hinaus jedoch bieten Lesegeräte wie der Kindle durch ihre Flexibilität und eine Bildschirmdiagonale von 9 Zoll und weniger einen weiteren Vorteil, den Sie als nunmehr geübter Hochgeschwindigkeitsleser unbedingt nutzen sollten:

Wenn Sie die Schriftgröße der zu lesenden Dokumente so verändern, dass auf dem Bildschirm die für Sie ideale Anzahl an Zeilen und Wörtern angezeigt wird, werden Sie enorm von der Superior Technique des Tracers profitieren. Wenn Sie nach einigem Experimentieren die für Sie wirklich ideale Schriftgröße gefunden haben, gehen Sie folgendermaßen vor:

- Lesen Sie die erste Zeile wie gewohnt von links nach rechts.
- Führen Sie Ihre Augen anschließend mithilfe der Zeigehilfe diagonal nach unten an den Beginn der letzten Zeile.
- Lesen Sie diese ebenfalls in gewohnter Richtung.
- Auf diese Weise nutzen Sie Ihr peripheres Sehvermögen bestmöglich. Viele Teilnehmer meiner Seminare berichten davon, dass die obligatorische Zeigehilfe dabei weniger wichtig ist als beim Lesen von Dokumenten in Papierform.

Wenn Sie etwas geübter sind und Ihr peripheres Sehvermögen noch besser zu nutzen wissen, bietet sich auch diese Technik für Fortgeschrittene an:

- Verwenden Sie eine noch etwas größere Schrift als beim Tracer – vermutlich werden Sie auch hier etwas experimentieren müssen.
- Vergrößern Sie den Abstand zwischen Ihren Augen und dem Lesegerät.
- Fixieren Sie die Mitte der angezeigten Seite, bemühen Sie sich dabei jedoch, den ganzen angezeigten Inhalt wahrzunehmen.
- Klicken Sie sich nach und nach durch die einzelnen Seiten und erfassen Sie so den Inhalt des Dokumentes im Schnelldurchlauf.

Wenn Sie diese Technik sicher beherrschen, werden Sie nicht nur unheimlich viel Zeit sparen, sondern haben das Stadium des Anfängers bereits deutlich hinter sich gelassen; mit Recht können Sie sich als fortgeschrittenen Hochgeschwindigkeitsleser bezeichnen.

Ein Tipp an dieser Stelle

Sind Sie Nutzer eines Kindles? Viele Nutzer wissen nicht dass es möglich ist, Pdf-Dokumente per E-Mail an den eigenen Kindle zu senden! Dies lohnt sich nicht nur bei umfangreichen Dokumenten, sondern auch um sich im Laufe der Zeit eine umfangreiche Fachbibliothek zuzulegen, die stets im leserfreundlichen Format mitgeführt werden kann.

Deshalb kann es auch sinnvoll sein, einmal wöchentlich alle wichtigen Pdf-Dokumente an die eigene Kindle-Adresse zu senden.

10.2 Tablet-PCs

Bei regulären Tablet-PCs mit einer größeren Bildschirmdiagonale ist die eben beschriebene Vorgehensweise zwar prinzipiell ebenfalls möglich, aber weniger effektiv, da Sie die Schrift und ebenso den Abstand zu Ihrem Tablet ungünstig vergrößern müssten. Hier greifen Sie wie im herkömmlichen Speed Reading auf Ihre Zeigehilfe zurück und/oder nutzen die noch darzustellenden digitalen Hilfsmittel.

10.3 Monitore, Desktop-PCs und Notebooks

An regulären Monitoren und Notebooks fällt es schwer, die klassischen Speed-Reading-Techniken anzuwenden, da sich eine Zeigehilfe nur kurzzeitig befriedigend einsetzen lässt. Hier denken Sie besser um und nutzen die im folgenden Absatz vorgestellten digitalen Hilfsmittel.

Alternativ und vor allem bei wichtigen, umfangreichen Dokumenten, senden oder überspielen Sie diese auf Ihren Reader oder Ihr Tablet.

10.4 Nutzen Sie digitale Hilfsmittel

Selbstverständlich kann allein die Feststellung, dass die klassischen Techniken des Speed Readings an Monitoren nicht wirklich erfolgversprechend sind, nicht zufrieden stellen. Allerdings erfordern die Besonderheiten dieser Geräte ein Umdenken und den Einsatz digitaler Hilfsmittel. Die im Folgenden Angeführten sind kostenlos im Internet zu beziehen und können entweder kinder-

leicht installiert oder nutzergerecht direkt im Internetbrowser ver-
wendet werden:

- Accelareader (web-basiert)
- Spreeder (web-basiert)
- ReadQuick (iOS)
- Spead Reader (Android)
- Spead Reading (Windows)

Die Vorgehensweise bei all diesen Hilfsmitteln ist weitgehend iden-
tisch:

- Per Copy'n'Paste oder Drag'n'Drop kopieren Sie den Inhalt
  des zu lesenden Dokumentes in ein Programmfenster auf
  Ihrem Monitor.
- Anschließend – und hier sind die persönlichen Vorlieben
  sehr unterschiedlich – stellen Sie Ihre individuellen Parame-
  ter ein:
- Wie viele Wörter sollen gleichzeitig angezeigt werden?
- Sollen diese ein-, zwei- oder dreizeilig angezeigt werden?
- Wie lange sollen die einzelnen Wortgruppen angezeigt wer-
  den?
- Anschließend tun Sie nichts anderes als mit den Augen das
  Programmfenster zu fixieren, in dem Ihnen der Text in der
  gewünschten Form präsentiert wird.

Denken Sie an unsere Ausgangsüberlegungen zurück! Sie nutzen
auf diese Weise die Fähigkeit Ihrer Augen, einen starren Punkt genau zu fixieren, da die einzelnen Wörter genau an diesem einge-
blendet werden. Sie müssen also nicht länger umständlich Ihre
Augen über den Text führen.

Fortschrittstabelle

Behalten Sie den Überblick und tragen Sie Ihre Fortschritte in diese Tabelle ein.

	Test I	Test II	Test III
Lesetempo in wpm			
Textverständnis in %			

Nachwort

Liebe Leserin, lieber Leser,

Bücher, Ratgeber, Seminare und Online-Kurse zum Thema *Speed Reading* boomen. Es scheint, als würden Studierende und Berufstätige in der Informations- und Wissensgesellschaft stärker als je zuvor nach Wegen suchen, die eigene Lesekompetenz zu erweitern, um geschriebene Informationen schneller und nachhaltiger aufzunehmen.

Weshalb also ein weiterer Ratgeber zum Thema *Speed Reading?*

Dieses Buch zeichnet sich durch die besondere didaktische Aufbereitung und Strukturierung praxisbewährter Einzeltechniken sowie durch die Kombination klassischer Speed-Reading-Techniken mit traditionellen Lesestrategien aus.

Eingegangen in diesen Ratgeber sind neben traditionellen Schnelllesetechniken meine Erfahrungen aus Seminaren bei gk-coaching mit Studierenden und Berufstätigen sowie meine Erkenntnisse aus der universitären Vermittlung von Lesestrategien.

Gerade die traditionellen Techniken des Speed Readings finden Sie zum Großteil auch in den folgenden Büchern:

Adler, Mortimer J.; Van Doren, Charles: How to Read a Book, Touchstone, Chicago 1972

Buzan, Tony; Weithaler, Gudrun; Haack, Christiana: Speed Reading: Schneller lesen – Mehr verstehen – Besser behalten, Goldmann, München 2007

Cutler, Wade: Triple Your Reading Speed, Pocket Books, o.O. 2003[4]

Schmitz, Wolfgang; Hasse, Friedrich: Schneller lesen – besser verstehen, Rowohlt, Reinbeck 2003[4]

Ich wünsche Ihnen viel Erfolg und viel Vergnügen!

Ihr
Günther Koch